Die nachfolgenden Texte und Bilder stammen größtenteils aus "Grik.de - Ideen für die Kinder- und Jugendarbeit" unter http.//www.grik.de.

Dieses Buch sowie einzelne Teile daraus dürfen nicht weiterverkauft, dupliziert, kopiert oder in irgendeiner anderen Form verbreitet werden. Es sei denn, es handelt sich um Ausschnitte aus dem Buch mit Quellenangabe, die als Arbeitsmaterial für die Aus– und Weiterbildung für Jugendgruppenleiter genutzt werden. Bitte beachten Sie auch die jeweils aktuellen Bedingungen zur Übernahme eines Artikels, die Sie in den AGB bzw. den Nutzungsbedingungen unter http://www.grik.de finden. Diese Bedingungen gelten auch für das Buch. Dieses Buch einschließlich all seiner Teile ist urheberrechtlich geschützt. Jede Verwertung außerhalb der engen Grenzen des Urheberrechtsgesetzes ist ohne Zustimmung von Mehlersoft unzulässig und strafbar. Dies gilt insbesondere für Vervielfältigungen, Übersetzungen, Mikroverfilmungen und die weitere Verarbeitung in elektronischen Systemen.

Herausgeber:	Mehlersoft (Christian Mehler) als Verantwortlicher für Grik.de
Herstellung und Verlag:	Books on Demand GmbH, Norderstedt
Illustrationen:	Kai Schickentanz, Neuhof, 2007
Autoren:	Zahlreiche Mitarbeiter aus dem Bereich der Kinder- und Jugendarbeit
Layout:	Mehlersoft (Christian Mehler) - www.mehlersoft.com
Satz:	Mehlersoft (Christian Mehler) - www.mehlersoft.com
ISBN:	9783848216673

Inhaltsverzeichnis

Didaktisches, methodisches und organisatorisches Vorwort

Intention

Das vorliegende Buch „Eine-Bahn-Spiele" bildet den logischen Abschluss der zwei Booklets „Wasser-Spaß. Spiele im Wasser für Jugendleiter im Schwimmbad und Schwimm-Trainer" und „noch mehr Wasser-Spaß. Erlebniswelt Wasser für Jugendleiter und Trainer neu umspielt". Wohingegen sich die beiden Vorgängerbücher noch genauso in der freien Jugendarbeit wie im Schwimmtraining einsetzen ließen, so hat sich in diesem Buch die Auswahl der Ideen zugunsten der Schwimmtrainer verschoben. Trotzdem werden auch Jugendleiter noch genügend Ideen für den Schwimmbadbesuch mit Kinder- und Jugendgruppen aus diesem Buch herausziehen können. Im Jahr 2012 wurden die beiden Booklets "Wasser-Spaß I" und "Wasser-Spaß II" aufgrund der gestiegenen Nachfrage zum Buch "Wasser-Spaß - Erlebniswelt „Wasser" für Jugendleiter und Trainer neu umspielt' (ISBN 9783848216543) zusammengefasst und stark erweitert.

Zudem stellt dieses Buch auch einen aktuellen Umbruch in meiner Beschäftigung mit dem Thema „Schwimmtraining" dar. Stand ich bei den beiden vorherigen Büchern noch wenigstens einmal pro Woche am Beckenrand, so kann man dieses Buch schon als kleinen Rückblick werten. Berufliche Veränderungen führten dazu, dass ich in den letzten zwei Jahren kaum noch Zeit fand, einmal im Quartal beim Training wenigstens vorbeizuschauen. Und die Termine, die ich im Schwimmbad war, stand ich meist am Beckenrand und durfte meine Ideen schon an jüngere Trainer vermitteln.

Somit kann ich aktuell nicht mehr behaupten, ich würde die Inhalte dieses Buches noch „leben". Doch ich kann behaupten: „Ich habe diese früher gelebt!" Ich hoffe, dass es Dir, lieber Leser, besser ergeht und Du in diesem Buch nach Ideen für zukünftige Trainingsstunden fündig werden kannst. Es würde mich freuen.

Das Schwimmtraining auf nur einer Bahn stellt Trainer vor eine Herausforderung: „Wie kann ich auf so wenig Platz auch noch spaßige, lustige Elemente integrieren? Wie kann ich auf diesem schmalen Streifen ein Gruppenspiel durchführen? Wie kann ich die Motivation einfach fördern? Wie die Teilnehmer „bei der Stange" halten?" Der Spagat zwischen Platzbedarf und Spielspaß gelingt nicht immer. Doch dieses Buch stellt Spiele vor, die mit einer Bahn auskommen und trotzdem weder der Spielspaß noch das Spielkonzept darunter leiden. Natürlich können auch hierbei nicht alle Umstände (wie bspw. absenkbare Beckenböden, kein vor Ort vorhandenes Trainingsmaterial) beachtet werden. Es können jedoch Vorschläge für Spiele gemacht werden, die man immer noch auf seine Gruppe und seine Situation anpassen muss.

Bei dieser Einführung benutze ich Schwimmbad als Sammelbegriff für Meer, See, Baggerteich, ... - soweit wie es für den jeweiligen Fall anwendbar ist. Da dieses Buch sowohl Schwimmtrainer als auch Jugendleiter anspricht, betrachte ich ein breites Spektrum in dieser Einführung. Im Bereich der medizinischen Begründung (z.B. beim Tauchen) wird nicht auf alle Einzelheiten eingegangen, sondern nur eine kurze, prägnante Zusammenfassung zum allgemeinen Verständnis gebracht. Weitergehende Informationen findet man dazu in vielen Büchern und auch im Internet.

Umgang mit dem Buch
Dieses Buch ist pflegeleicht. Man braucht es nicht zu füttern, nicht auszuführen. Es darf schmutzig werden und verträgt sogar bis zu einem gewissen Grad Wasser. Auf jeden Fall verträgt dieses Buch aber keine Dunkelheit und auch nicht, wenn es von Ideen überquillt und keiner diese haben möchte. Dann geht dieses Buch ein und fängt langsam an, sich aufzulösen.

Online
Jeden Beitrag aus diesem Buch kann man online „anspringen". Einfach die beim Artikeltitel stehende Nummer unter www.grik.de in der Quick-Jump-Box (rechte Spalte) eintragen. Sofort kann man dann weitere Kommentare zu den Beiträgen lesen, Fragen stellen und eigene Variationen hinzufügen. Den Autor eines Artikels erreicht ihr auch am besten über den Aufruf des jeweiligen Artikels im Internet durch den Quick-Jump.

Mit Kinder- & Jugendgruppen im Schwimmbad
Es ist Sommer. Man ist schon wieder mal auf einem Lager. Es herrscht eine brütende Hitze. Spätestens jetzt kommen die Kinder und fragen: „Gehen wir heute Mittag ins Schwimmbad?". Schwimmbad – der Raum für den die Betreuer nie viel vorbereiten müssen, weil es die Kinder dort auch in der heutigen Zeit noch schaffen, sich selbst zu beschäftigen. Dies funktioniert vor allem in so genannten „Spaßbädern" durch Rutschen, Wellenbecken und viele andere Einrichtungen. Doch wie sieht es aus, wenn man nur zu einem kleinen

Freibad in der Nähe laufen kann – ohne Sprungturm, ohne Rutsche? Spätestens bei dieser Information über das Bad sollten sich die Betreuer ein kleines Programm ausdenken. Dieses sollte sich jedoch nicht über den gesamten Schwimmbadbesuch erstrecken, sondern davon maximal die Hälfte einnehmen oder das Programm entsprechend alternativ zur Selbstbeschäftigung anbieten. Genau solche Programmideen soll man diesem Buch entnehmen.

Vorbereitung vor der Freizeit

Wenn man schon vor der Freizeit weiß, dass man einen Schwimmbadbesuch machen möchte, sollte man auf jeden Fall einen Teamer zum Rettungsschwimmer ausbilden lassen. Ansprechpartner dafür sind in Deutschland bspw. die verschiedenen DLRG-Ortsgruppen (in anderen Ländern gibt es ähnliche Organisationen), die innerhalb von wenigen Abenden aus einem geübten Schwimmer einen Rettungsschwimmer machen. Warum dies wichtig sein kann, werde ich hier nicht weiter erläutern. Spätestens während dem Kurs sollte man diese Frage selbst beantworten können.

Vorbereitung während der Freizeit

Meist ist es so, dass ein Schwimmbadbesuch schon einen Tag vorher fest eingeplant ist. In diesem Augenblick sollte man schon mal beim Schwimmbad anrufen und dies mitteilen. Für kleinere Schwimmbäder können 40 weitere Kinder ein Grund sein, die Anzahl der Wachhabenden im Bad entsprechend aufzustocken. Dabei fragt man am besten auch gleich, ob man Sammelumkleiden benutzen kann. Auch eventuelle Spiele kann man dabei schon absprechen, so dass man am nächsten Tag nicht im Schwimmbad steht und ein Wachhabender gerade versucht zu erklären, warum man diesen Gegenstand nicht mit ins Wasser nehmen darf. Auch über eine eventuelle Badekappenpflicht, die immer noch in einigen Bädern existiert, sollte man sich informieren.
Vor dem Gang ins Schwimmbad sollte man noch einmal die Teilnahmebögen checken, wer schwimmen kann und vor allem darf und wen man lieber nicht ins tiefe Wasser lassen möchte. Dies muss man mit dem gesamten Betreuerteam nochmals absprechen und später natürlich auch die Einhaltung überprüfen.

Im Schwimmbad

Der erste Gang im Schwimmbad führt meist zu einem Kassenautomaten. Hier heißt es erst mal den Preis herausfinden. Eventuell ist danach schon ein Klingeln nach einem Wachhabenden notwendig, damit man den Weg zu den Sammelumkleiden gezeigt bekommt. Nach dem meist mehr als chaotischem Umziehen sollte man sich im Schwimmbad erst mal mit der kompletten Gruppe sammeln und einige organisatorische Punkte bekannt geben. Dazu gehört natürlich außer dem Programm auch, dass man sich rücksichtsvoll gegenüber anderen Badegästen benimmt. Auch die Zeit, zu der wir wieder in die Umkleide gehen wollen, sollte bekanntgegeben werden.

Wichtig ist noch, dass man darauf achtet, dass die Kinder keinen Schmuck (Ohrringe, Kette, Uhr, Ring, ...) mehr anhaben, da dies bei kleineren Rangeleien schnell zu ernsthaften Verletzungen führen kann. Auch im Schwimmbad habt ihr als Betreuer die Aufsichtspflicht über eure Kinder. Diese wird nicht an die Wachhabenden abgegeben. Diese sind euren Kindern gegenüber nur soweit weisungsbefugt, wie sie es auch gegenüber jedem anderen Badegast sind.

Schwimm- & Taucherbrillen

Bei Schwimmbrillen sind die Gläser nur um die Augen, währenddessen Taucherbrillen auch die Nase mit umfassen. Wichtig ist hierbei, dass bei den folgenden Spielen, niemals mit Schwimmbrillen getaucht werden darf! Bereits bei Tiefen um die 2 Meter können bleibende Schäden am Auge auftreten. Die Ursache hierbei liegt an dem Druck, den das Wasser erzeugt, und der Luft, die in dem Augenbereich der Schwimmbrille angesammelt ist. Die Luft im Augenbereich der Schwimmbrille wird durch den Wasserdruck zusammengepresst. Da die Schwimmbrille nun aber nicht nachgibt (sie müsste sich aufgrund des reduzierten Volumens der Luft und dem daraus resultierendem Unterdruck nach innen biegen), muss dieser Unterdruck anders ausgeglichen werden. Dabei wird leider an unserem Auge "gezogen", so dass Schäden an der Netzhaut entstehen. Bei Taucherbrillen kann zusätzliche Luft durch die Nase strömen und den Unterdruck entsprechend ausgleichen. Beim Tragen von Schwimm- und Taucherbrillen besteht absolutes Sprungverbot, da hierbei das Verletzungsrisiko viel zu hoch ist.

Tauchen

Einige der Spiele enthalten Tauch-Elemente. Die erste Frage, die wir uns dabei stellen sollten, ist, wie tief wir tauchen wollen. Bereits bei Tauchtiefen ab 1 Meter sollte man mit den Kindern einen Druckausgleich üben, um Verletzungen am Trommelfell vorzubeugen. Wer krank ist (z.B. Schnupfen), darf nicht tauchen und sollte auch nicht den Druckausgleich üben.

Wenn man taucht, drückt das Wasser von außen auf das Trommelfell im Ohr. Hierbei ist es genauso wie bei der Schwimmbrille: Der Druck von außen ist größer und das Trommelfell biegt sich nach innen. Geht man jetzt immer tiefer, platzt das Trommelfell. Um dies zu umgeher, macht man einen Druckausgleich. Dabei wird die Eustachische Röhre geöffnet, die das Ohr mit dem Rachenraum verbindet, und es kann wiederum Luft strömen, so dass das Trommelfell sich nicht mehr biegt. Dasselbe spielt sich beim Auftauchen in umgekehrter Richtung ab, das Trommelfell biegt sich nach außen. Deshalb ist auch beim Auftauchen ein Druckausgleich erforderlich.

Zum Druckausgleich drückt man mit einer Hand beide Nasenflügel zu und tut dann so, als wollte man dahinein schnäuzen. Jetzt sollte man ein entsprechendes Klacken in den Ohren vernommen haben. Wie man den Druckausgleich richtig macht, lernt man auch während dem Rettungsschwimmkurs.

Ein weiteres Problem, dem man beim Streckentauchen begegnen kann, ist der Schwimmbad-Blackout. Hierbei hyperventiliert das Kind vor dem Tauchen und schafft es dadurch den Kohlendioxidanteil im Blut zu senken. Bei einer gewissen Höhe des Kohlendioxidanteils im Blut beginnt der Körper erst wieder den Atemreflex auszulösen. Es wird also nicht der Sauerstoffgehalt im Blut gemessen. Durch Hyperventilation kann man also das bewusste willkürliche Atemanhalten um ca. 40% verlängern. Umgekehrt führt diese mangelnde bzw. fehlende Erregung des Atemzentrums zur Verflachung und Verlangsamung der Atmung, im Extremfall zum Atemstillstand. Somit schafft man es zwar per Hyperventilation vor dem Tauchen weiter zu tauchen, jedoch kann es passieren, dass man dafür nicht mehr auftaucht (also in eine Ohnmacht aufgrund des Sauerstoffmangels im Gehirn gefallen ist). Kindern sollte man das Hyperventilieren vor dem Tauchen deswegen immer verbieten!

Noch ein wichtiger Hinweis: Bei Tauch-Elementen schaut immer nach dem Kind, das gerade taucht. Gerade beim Tauchen kann schnell viel passieren.

Rutschen und weitere Elemente

Auch bei z.B. Rutschen und weiteren Spaßelementen, die man in Spaßbädern häufig findet, sollte man darauf achten, dass diese nur wie vorgeschrieben benutzt werden. Rutschen und vieles mehr erfolgt meist auf eigene Gefahr ... und die liegt dann bei den Betreuern, da diese die Aufsichtspflicht gegenüber den Kindern haben.

Kleine & selbstständige Spiele

Spiele mit Reifen, Wasserfrisbee, Wasserball, die sich ohne weiteres selbst ergeben können, werden hier in diesem Buch nicht erwähnt. Aber trotzdem sollte jeder Betreuer solch etwas in seiner Schwimmbadtasche immer mit sich führen.

Material für die Spiele

Die Spiele richten sich auch an Schwimmtrainer, die ihr Training "lustiger" gestalten wollen. Diese haben auch kein Problem an Noodles, Bretter und weiteres Material zu kommen. Aber auch, wenn man solch ein Spiel auf einem Lager machen möchte, kann man an diese Gegenstände kommen: Einfach bei dem Schwimmbad nachfragen, ob diese nicht entsprechendes besitzen oder die Telefonnummer eines ortsansässigen Schwimmvereins herausgeben können. Gegen eine kleine Spende kann man meist auch bei diesen entsprechendes Material leihen.

Die Spielbeschreibungen

Bei jedem Artikel findet man außer der angedachten Kinderanzahl, -alter und Spieldauer auch einen oder mehrere Vorschläge für den Ort, an dem das jeweilige Spiel wie beschrieben durchgeführt werden könnte. Mit entsprechender Kreativiät sind andere Einsatzmöglichkeiten natürlich auch denkbar.

Die Spiele können trotz der angegeben Alterseingrenzung ein Flop in deiner passenden Gruppe werden. Dies mag an vielen Gründen liegen, aber am wahrscheinlichsten wohl an der mangelnden Wasser-Vertrautheit vieler Kinder in der heutigen Zeit. Daher sollte man dann hingehen und die Spiele entsprechend den festgestellten Problemen modifizieren (Regeln ändern, Spielraum verschieben, Spielmaterial austauschen). Auch gerade erst eingeführte Regeln dürfen wieder geändert werden, wenn das Spiel dadurch nicht besser funktionierte. Weitere Tipps dazu findet man im Block „Spiele anleiten".

Hinter den Spielen, die man auf einer Bahn spielen kann, folgt noch die Kategorie „Weitere Ideen". Dort befinden sich u.a. Spiele, die man auch im Wasser bzw. um das Wasser herum durchführen kann. Diese sollen als Anregungen für Aktionen dienen, die über das „normale" Training hinausgehen können.

„Grik.de – Ideen für die Kinder- und Jugendarbeit" basiert auf Austausch zwischen aktiven Jugendleitern. Nutze also bitte die Möglichkeit deine Erfahrungen mit Spielen zu schildern und eigene unter www.grik.de einzustellen.

„Klug" am Beckenrand

Spiel herausgesucht, an die Gruppe angepasst und stichpunktartig aufgeschrieben. Eine gründliche Vorbereitung garantiert den Erfolg der Einheit, aber kaum angekommen ist das Blatt schon nass und die Schrift verschwimmt. Verhindern kann man dies am besten durch Laminieren und Ausdrucken durch einen Laserdrucker. Auch das

Verpacken in eine Klarsichtfolie und Zukleben mit Klebefilm kann zumindest bei nur einmal eingesetzten Papieren einen guten Schutz bieten.

Spiele anleiten

Spiele gehören zu den Höhepunkten pädagogischer Maßnahmen. Damit die Spiele ein Erfolg werden, muss allerdings einiges beachtet werden. Hier folgen einige Anregungen und Hinweise:
Eine gute Spielanleitung setzt einige Punkte voraus, damit das Spiel erfolgreich verläuft. Diese würde ich in vier Kapitel aufspalten:
1. Vorbereitung
2. Die Spielerklärung/Anleitung
3. Reflexion/Nachbesprechung (v.a. bei pädagogischen Spielen)
4. Allgemeines

Vorbereitung

Vor dem Spielen (und am besten auch vor der jeweiligen Aktion bei der gespielt werden soll) soll man sich mit dem Spiel vertraut machen. Dazu gehört es nicht nur die Spielanleitung einmal zu lesen, sondern auch das Spiel geistig (oder auch mit den Betreuern praktisch) durchzuspielen und über mögliche Abwandlungen nachzudenken. Am besten ist es dabei auch, wenn man sich die Spielregeln stichpunktartig auf Karteikarten in eigenen Worten schreibt. Nötige Materialien sollten bereitgestellt werden.

Die Spielerklärung/Anleitung

Die Spielerklärung für die Teilnehmer einer Aktion sollte klar und eindeutig formuliert sein. Daher muss man ganz am Anfang um Ruhe bitten. Danach sollte man das Spiel in der folgenden Reihenfolge erklären:
- Grober Überblick (um was geht es in dem Spiel eigentlich)
- Spielfeld
- Gruppen
- Spielprinzip
- Spielregeln
- Benennung von möglichen Gefahren
- Spielende

Zwischen den Blöcken bzw. wenigstens am Schluss muss den Teilnehmern noch die Möglichkeit gegeben werden, Fragen zu stellen. So können eventuelle Unklarheiten noch vor Spielbeginn aus der Welt geschafft werden. Allerdings sollten die Teilnehmer auch dazu angehalten werden, sich die Fragen bis zur Fragenrunde zu merken und nicht die Erklärungen zu stören. Viele Fragen klären sich im Laufe der Spielerklärung von selbst.

Beim Erklären des Spielprinzips, der Spielregeln und des Spielendes sollte man sich an seinen eigenen Stichpunkten orientieren, nicht ablesen und am besten keine verschachtelten Sätze benutzen. Ruhig auch kompliziertere Passagen mehrmals auf verschiedene Art und Weise erklären. Der Spielleiter muss natürlich laut und deutlich sprechen. Gibt es mehrere Spielleiter, sollte die Erklärung einer allein übernehmen, um Verwirrung zu vermeiden.

Häufig bietet es sich an, erst noch eine Proberunde zu spielen, bevor das Spiel wirklich startet. Die Erklärung von einem Teilnehmer wiederholen zu lassen, ist eine gute Kontrollmöglichkeit dafür, was aus der eigenen Erklärung bei den Teilnehmern angekommen ist.

Es gibt verschieden Varianten, wie man ein Spiel erklären kann:
- Zeichne das Spielfeld auf ein großes Papier auf, so sind deine Erklärungen anschaulicher.
- Eine witzige Variante ist, dass Spiel in der Form eines Theaters zu erklären.
- Das Spielfeld mit den Teilnehmern abgehen und die Regeln "vor Ort" erklären .

Reflexion/Nachbesprechung
Natürlich muss nicht jedes Spiel mit den Teilnehmern nachbesprochen werden. Allerdings sollte sich die Spielleitung nach dem Spiel über den Verlauf kurz austauschen. So können Änderungen für das nächste Mal, Probleme, Gefahren etc. kurz besprochen werden.

Werden mit dem Spiel pädagogische Ziele angestrebt, müssen die Ziele einerseits vor dem Spiel genau formuliert werden, andererseits dann nach der Durchführung auch ausgewertet werden.

Allgemeines
Einige Dinge, die bei allen Spielen und Anleitungen beachtet werden sollten:
- Spiele, die einem selber Spaß machen, erklären sich leichter, als Spiele, denen gegenüber man eine persönliche Abneigung hat (dann lieber jemand anderen erklären lassen).
- Auch wenn es schöner ist, wenn alle mitspielen, sollte man den Teilnehmern die Möglichkeit geben, für ein Spiel auszusetzen (Stichwort Intimsphäre, Vorbelastung, schlechte Erfahrungen etc.).
- Alle Betreuer sollten nach Möglichkeit mitspielen (ausgenommen wenn es das Spiel bspw. für Absicherungsmaßnahmen o.ä. verbietet). Zum einen kann dann jeder seine kindliche Seite ausleben, die Teilnehmer bekommen nochmal einen neuen Anreiz

und sehen auch gleich, dass man sich nicht einfach aus dem Spiel zurückziehen kann, sondern jeder mitspielt - aber beachtet den vorherigen Punkt!

- Wenn der Spielleiter selbst mitspielt, bekommt er nicht nur das Spielgeschehen (und mögliche Probleme etc.) hautnah mit, er kann auch gleichzeitig motivierend und lenkend eingreifen. Gerade jüngere Teilnehmer verlangen geradezu, dass die Spielleitung mitspielt. Das Verhältnis zwischen Leitungspersonen und Teilnehmern profitiert von gemeinsamen Erlebnissen
- Das Spiel sollte nicht zu lange dauern, damit keine Langeweile aufkommt. Auch hier gilt: Wenn es am schönsten ist, sollte man aufhören. So wird das Spiel nicht "totgespielt" und die positive Stimmung wird bewahrt
- Eigeninitiative der Teilnehmer sollte geschätzt und ermöglicht werden. Oft können Teilnehmer eigene Erfahrungen, Spielvariationen und eigene Ideen beisteuern, die das Spiel noch lebendiger und interessanter machen. Stures Beharren auf den (eigentlichen) Regeln und eigenen Vorstellungen führt leicht zu Frust und schlechter Stimmung unter den Teilnehmern.
- Vor einer längeren Spielerklärung oder auch vor einem eher ruhigeren Spiel kann es sich lohnen ein eher schnelles und lebhaftes Spiel durchzuführen, um den Bewegungs- und Aktivitätsdrang der Teilnehmer zu erfüllen.
- Achte auf deine Wortwahl: Wie alt sind die Teilnehmer? Welchen Hintergrund haben diese? Welche Wörter kennen diese und welche Wörter sollte man eher umschreiben?

Wichtig: Diese Punkte sollen nur eine Anregung bieten. Sie ersetzen auf keinen Fall eigene Erfahrungen und Überzeugungen. Jeder muss einen für sich passenden und annehmbaren Stil finden.

Weitere Spiele
Noch weitere Spiele für das Schwimmbad findest Du übrigens unter http://www.grik.de/k8-Wasserspiele-I-im-Wasser.html und natürlich in dem bereits genannten Vorgängerbuch „Wasser-Spaß".

Was bleibt mir jetzt noch zu sagen? Eigentlich hoffe ich an alles gedacht zu haben. Daher sage ich: „Viel Spaß im Schwimmbad! Tob dich aus und hab' Spaß!"

Spiele für eine Bahn

 Altersempfehlung für die Teilnehmer

 Empfehlung für die Teilnehmeranzahl

 ungefähre Spieldauer

 flaches Becken (Nicht-Schwimmer-Bereich)

 Wassertiefe bis zu 1,80 m

 Wassertiefe ab 1,80 m

 Beckenrand bzw. Startblock

 Strand bzw. Wiese

10 Sekunden Abstand
von Christian Mehler

 ab 2 ab 8 5-10 Min.

Material:
Stoppuhr
Block und Stift

Beschreibung:
Die Teilnehmer stellen sich hinter dem Startblock auf. Jegliche Kommunikation (verbal und nonverbal) ist jetzt verboten, damit jeder seine eigene zeitliche Einschätzungsfähigkeit erfahren kann. Jeder Teilnehmer soll jetzt mit 10 Sekunden Abstand zum vorherigen Schwimmer starten. Der Leiter steht am anderen Beckenrand und stoppt die tatsächlich dazwischenliegende Zeit.

Danach folgt eine Auswertung, wem es leicht und wem es schwer gefallen ist. Wer glaubt die 10 Sekunden genau getroffen zu haben? Danach wird die eigene Einschätzung mit der gemessenen (und evt. protokollierten) Zeit verglichen.

Variation:
Andere Zeitspannen können auch gewählt werden, sollten jedoch nicht zu kurz (<3 Sekunden) oder - je nach Gruppengröße - nicht zu lang werden, da der letzte Schwimmer dabei eine sehr späte Startzeit bekommt.

Atomarer Rettungsschwimmer

von Christian Mehler

Quick-Jump: 2269

 ab 6   ab 10   5 Min.

Material:

keins

Beschreibung:

Alle schwimmen durcheinander. Der Spielleiter gibt jetzt verschiedene Kommandos, worauf die Teilnehmer wie beim Atomspiel (Quick-Jump 54) bzw. Atomspiel im Wasser (Quick-Jump 139) reagieren. Dabei können die Kommandos sowohl über die Zahl als auch über die Beschreibung gegeben werden:

1: Jeder schwimmt für sich.
2: Man tut sich in Pärchen zusammen und schleppt sich gegenseitig.
3: Es werden 3er Gruppen gebildet und diese machen eine Brücke.
4: 2er Gruppen und transportieren.
5: 3er Gruppen bilden Flöße.

Hinweis:

Spielerische Übung für Jugendschwimmabzeichen Gold und höher.

Ausgequetscht
von Judith Schell

Quick-Jump:
4672

 ab 6　　　 ab 6　　　 5-10 Min.　

Material:

pro Gruppe:
- großes Gefäß
- wasseraufsaugendes Kleidungsstück z.B. T-Shirts

Beschreibung:

Es werden zunächst zwei Manschaften gebildet. Am Beckenrand der gegenüberliegenden Seite steht nun für jede Gruppe das Gefäß. Das erste Kind jeder Gruppe hat ein T-Shirt an. Auf ein Kommanco schwimmen die Kinder durch das Becken zur anderen Seite, wo s e aus dem Wasser steigen und schnell das T-Shirt ausziehen. Danach wringen sie dieses über dem Gefäß aus und schwimmen zum nächsten Kind seiner Gruppe zurück. Dieses zieht das T-Shirt nun wieder an ur d schwimmt auch zu dem Gefäß, um dort das T-Shirt auszuwringen. Sieger ist die Mannschaft, die es zu erst geschafft hat, ihr Gefäß vollständig mit Wasser zu füllen.

Tipp: Es kann auch eine Zeit zu Beginn des Spiels vereinbart werden. Sieger ist dann die Mannschaft, bei der sich mehr Wasser im Gefäß befindet.

Badekappen ziehen
von Christian Mehler

Quick-
Jump:
2133

 ab 5-14   ab 6   5 Min.

Material:
Badekappe (billige)
2 bis 3 Eimer

Beschreibung:
Ein Kind stellt sich mit einem Fuß in die Badekappe. Die anderen halten den Rand fest. Zwei oder Drei füllen mit einem Eimer Wasser in die Badekappe. Der Fuß darf nach ein paar Füllungen entfernt werden (einfach kurz anheben und testen). So bekommt man ohne Schwierigkeiten 30 Liter und mehr in die Badekappe.

Bemerkung:
Die Badekappe kann dabei kaputt gehen ... und ist im Allgemeinen danach nicht mehr regulär zu gebrauchen.

Ball-Hula
von Christian Mehler

Quick-
Jump:
4475

 ab 5   ab 6   5 Min.

Material:
Ball

Beschreibung:
Fangenspielen auf einer Bahn ist meistens aufgrund der sehr eingeschränkten Spielfeldbreite sehr witzlos. Bei dieser Variante baut man ein flexibles Hula ein. Wer dieses berührt, kann nicht abgeschlagen werden.

Ein ausgewählter Spieler ist der Fänger. Dieser hat die Aufgabe die anderen abzuschlagen. Wer abgeschlagen wurde, setzt sich an den Rand. Wer den Ball berührt, kann nicht abgeworfen werden. Somit ist es die Aufgabe der noch nicht gefangenen Mitspieler den Ball demjenigen zuzuspielen, der gerade gejagt wird. Der Fänger darf den Teilnehmern nicht den Ball abnehmen, ihn wegwerfen oder verstecken.

Der Fänger gewinnt, wenn er alle Teilnehmer abgeschlagen hat. Ist nur noch ein Teilnehmer übrig, der auch den Ball in Händen hält, so haben die Teilnehmer gewonnen.

Variationen:
- mit mehreren Fängern
- mit mehreren Hula-Bällen
- der Ball kann immer nur von einem Teilnehmer berührt werden
  (es kann also immer nur ein Teilnehmer im Hula sein)
- feste Zusatz-Hulas für jüngere Kinder einbauen

Blindenschwimmen
von Christian Mehler

Quick-
Jump:
2799

 ab 2   ab 8   5-10 Min.

Material:
"tote" Schwimmbrillen

Vorbereitung:
Die Kinder gehen paarweise zusammen.

Beschreibung:
Je ein Partner bekommt die "tote" Schwimmbrille auf. Der andere hält sich an dessen Schultern fest und steuert je nach Druck auf die linke, rechte oder beide Schultern diesen nach links, rechts oder geradeaus.

Variation:
Kann man auch ohne Festhalten und mit Zurufen machen.

Blinder Hai
von Christian Mehler

Quick-Jump:
4476

 ab 6 ab 7 beliebig

Material:
für je zwei Teilnehmer:
- ein Ball
- eine "tote" Schwimmbrille

Beschreibung:
Die Teilnehmer werden in 2er Gruppen eingeteilt. Jedes Team bekommt eine tote Schwimmbrille und einen Ball. In jedem Team setzt sich einer die Schwimmbrille auf und bekommt den Ball in die Hand.

Die Aufgabe dieses blinden Haies ist es nun einen blinden Hai eines anderen Teams abzuwerfen. Dazu darf ihn der Sehende des Teams nur mit Worten - ohne Körperkontakt - steuern ("2 Meter nach vorne", "10 Grad nach rechts drehen", "jetzt werfen", etc.). Wenn ein Hai einen anderen Hai trifft, so wechseln die Teammitglieder ihre interne Rolle: Hai wird zum Sehenden und umgekehrt.

Natürlich darf der Sehende den Ball zurückholen.

Variation:
- Mit dem Ball kennt man dieses Spiel auch außerhalb des Beckens.
- Doch wie geht es stattdessen mit einem Schwimmbrett? Dieses darf nicht geworfen, sondern nur über die Wasseroberfläche geschickt werden und es zählt nur als Treffer, wenn es der losschickende Hai beim Treffen des nächsten Hais nicht mehr berührt.
- Nur der Hai darf den Ball in die Hand nehmen, muss diesen also auch selbst zurückholen.

Blockierter Einkauf
von Unbekannt

Quick-Jump: 96

 ab 5 ab 5 5-10 Min.

Material:

Flossen
Bretter
etc.

Beschreibung:

Man teilt die Kinder in zwei gleich große Gruppen ein und nimmt aus jeder Gruppe minimal einen Blockierer (Verhältnis 4:4:2).

Nun verteilt man auf einer Seite des Beckens verschiedene Gegenstände (Flossen, Bretter, etc.). Pro Lauf darf nur ein Gegenstand ins heimische Lager transportiert werden.

Die Rolle der Blockierer kann man variieren:
- Wer von einem Blockierer berührt wird (an einer bestimmten Stelle: Kopf, Ferse, etc.), muss seinen Gegenstand an den Blockierer abgeben.
- Der Blockierer darf den Gegenstand an Land werfen, da dieser aus dem Spiel ist.
- Oder wer vom Blockierer berührt wird, muss 10 Sekunden auf der Stelle schwimmen.

Bockspringen
von Michaela Blum

Quick-
Jump:
2147

 ab 3 ab 5 5 Min.

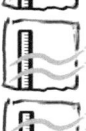

Material:
keins

Beschreibung:
Dieses Spiel ist mit dem bekannt Bockspringen aus dem Sportunterrricht identisch. Es im Wasser zu spielen, hat jedoch den Vorteil, dass die Verletzungsgefahr weit geringer ist.

Die Kinder stellen sich in einer Reihe hintereinander auf. Es ist darauf zu achten, dass zwischen den Kindern genug Platz ist, damit man nicht beim Überspringen eines „Bockes" schon auf dem nächsten landet. Alle Spieler gehen ein wenig in die Knie und stützen sich mit den Händen auf ihren Oberschenkeln ab. Das hinterste Kind beginnt nun über die vor ihm stehenden „Böcke" zu springen. Ist es vorne angekommen, stellt es sich als Erster wieder in die Reihe.

Brückentauchen

von Unbekannt

Quick-
Jump:
94

 ab 6   ab 5   5 Min.

Material:

evt. Transportgegenstand

Beschreibung:

Eine Gruppe von Kindern steht im Abstand von ca. einem Meter hintereinander. Der jeweils letzte taucht durch die gegrätschten Beine der ganzen Gruppe hindurch.

Dies kann man auch als Slalom oder mit einem Transportgegenstand machen, wobei dieser dann von vorne nach hinten durchgegeben wird.

Brettchen-Kampf
von Roland Riner

Quick-Jump: 2193

 10-20 ab 8 10 Min.

Material:
ein Schwimmbrett

Vorbereitung:
Das Schwimmbrett wird genau in der Mitte des Beckens platziert. Die Teilnehmer werden in zwei gleichgroße Gruppen aufgeteilt. Die Spieler der Gruppen werden nummeriert. Die Gruppen stehen an gegenüberliegenden Beckenrändern in einer Reihe.

Beschreibung:
Der Spielleiter ruft nun eine Zahl. Diese springen sofort ins Wasser und schwimmen zu dem Schwimmbrett. Beide versuchen nun das Brett zu ihrem Beckenrand zurück zu transportieren. Natürlich kämpfen beide um das Brett. Anschließend wird das Brett wieder in der Mitte des Beckens platziert und einen neue Zahl wird aufgerufen ...

Die Gruppe, die das Brett öfter auf ihrer Seite hatte, hat gewonnen.

Variation:
Das Brett muss den Rand nicht berühren. Sieger ist derjenige, der auf seiner Beckenhälfte das Brett nach einer Minute hat.

Bemerkung:
Es sollte darauf geachtet werden, dass ungefähr gleich schnelle und starke Schwimmer dieselbe Nummer haben und gegeneinander kämpfen müssen.

Buchstabensuppe

von Christian Mehler

Quick-Jump: 4479

 ab 4 ab 9 5 Min.

Material:

Buchstabensalatzettel (laminiert)

Beschreibung:

Ein klassisches Wettkampfspiel - erweitert um eine kognitive Komponente.

Die Teilnehmer schwimmen paarweise gegeneinander. Am anderen Beckenrand steht ein Betreuer. Sobald beide Schwimmer dort angekommen sind, zeigt man diesen einen Buchstabensalatzettel. Die Ratezeit endet sobald das nächste Paar angekommen ist. Diesem wird eine andere Karte gezeigt.

Die Punkteverteilung kann man je nach Zielausrichtung unterschiedlich gestalten:
- 1 Punkt für als Erster ankommen und 1 Punkt für das richtige Lösen der Buchstabensalatkarte (sinnvoll für sehr heterogene Gruppen)
- 1 Punkt nur dann, wenn man als Erster ankommt und den Buchstabensalat richtig auflöst

Bemerkung:

Je nach Gruppengröße sollte man den Start der Paare zeitabhängig festlegen (bspw. alle 20 Sekunden starten zwei Stück).

Beispiele für Buchstabensuppen:

ALTSA (Salat)
TEIME (Miete)
NISETN (Tennis)
ENKIDR (Kinder)
RIEUHTZ (Uhrzeit)
ETAROST (Toaster)
HINSTRIAC (Christian)
SNFEEDEPHCER (Seepferdchen)
BESCHWENCKMIM (Schwimmbecken)

Bullenreiten/Floßbau
von Christian Mehler

Quick-
Jump:
2797

 ab 3   ab 5   beliebig

Material:
große Müllsäcke bzw. alte Bettbezüge
Luftballons (oder Poolnudeln, Bällchen, Bretter, etc.)
Schnur
Schere

Vorbereitung:
Luftballons aufblasen und zuknoten, die Müllsäcke bzw. Bettbezüge
mit den Luftballons füllen und zum Schluss diese zubinden.

Beschreibung:
Die Kinder versuchen auf den Müllsäcken zu reiten (Bullenreiten).
Dabei kann man auch vom Rand aus bauchwärts flach auf den Bullen
springen. Beim Floßbau werden die Müllsäcke bzw. Bettbezüge auch
mit den anderen Gegenständen gefüllt. Bei beiden Spielarten ist das
Ziel, auf den Bullen bzw. das Floß zu kommen und oben zu bleiben.

Hinweis:
Bei der Spieldurchführung immer auf genug Platz zum Rand achten
(Verletzungsgefahr!). Vorher mit dem Bademeister absprechen!

Catch it, if you can
von Christian Mehler

Quick-Jump: 141

 ab 4 ab 5 5-10 Min.

Material:
verschiedene Gegenstände (auch nicht schwimmende)

Beschreibung:
Eine Gruppe steht links vom Startblock, die andere rechts (oder auch auf verschiedenen Seiten vom Becken). Der Gruppenleiter wirft jetzt jeweils nur einen Gegenstand ins Wasser (Ring, Kette, Ball, Brett, etc.), sobald der Gegenstand die Wasseroberfläche berührt, springen die vordersten der jeweiligen Gruppe rein und probieren vor dem anderen den Gegenstand zu bekommen.

Hat ein Spieler den Gegenstand in der Hand, darf er nicht mehr abgenommen werden. Wenn beide Spieler ihn in der Hand halten, gibt es keinen Punkt. Ansonsten bekommt die Gruppe, aus der der Spieler stammt, der den Gegenstand bekommen hat, einen Punkt.

Dieses Spiel eignet sich auch gut, um im kleinen Becken ein bisschen die Scheu vor dem Wasser zu nehmen (allerdings, dann bitte etwas "ruhiger" spielen). Für ältere Gruppen im tiefen Becken darf der Gegenstand auch schon mal am anderen Ende der Bahn/Becken landen.

Erschwerungsschwimmen
von Christian Mehler

Quick-Jump: 4489

 ab 1   ab 8   beliebig

Material:
keins

Beschreibung:
Jeder Teilnehmer soll zwei Bahnen mit jeder der folgenden Erschwerung schwimmen (Schwimmstil nicht zwingend vorgeben):
- Beide Hände liegen auf dem Bauch.
- Beide Arme hinter dem Kopf verschränken.
- Rechter Arm hält das linke Bein hinter dem Rücken fest .
- Linker Arm hält das rechte Bein hinter dem Rücken fest.
- Eine Hand wird durchgehend aus dem Wasser gehalten.
- Einen Fuß wird durchgehend aus dem Wasser gehalten.
- Ein Finger berührt die ganze Zeit die Nasenspitze.

Familie Meier am Meer

von Christian Mehler

Quick-Jump:
2127

 ab 5

 ab 7

 5 Min.

Material:

keins

Beschreibung:

Man braucht eine Geschichte (geht auch ohne Vorbereitung), in der so viele verschiedene Personen (Papa, Mama, Oma, Tante, Onkel, Sohn, Tochter, Baby, ...) vorkommen wie jede Mannschaft Personen hat. Kommt nun in der Geschichte die jeweilige Person vor, so springen diese ins Wasser und schwimmen so schnell wie möglich an das andere Ufer bzw. die andere Seite.

Wer zuerst dort ist, holt für seine Mannschaft einen Punkt. Bei der Anweisung „alle" oder „die ganze Familie" schwimmen natürlich alle. Hierbei gilt jedoch, dass die Mannschaft den Punkt holt, von der alle Mitglieder zuerst am anderen Rand sind (nicht der erste!).

Variationen:

Man bestimmt in der Geschichte, was die jeweiligen Personen machen sollen (z.B. „ ... und da kam Opa Meier rein und machte einen Handstand."). Klappt dann aber besser an Land.

Fun-Staffel
von Dominik Metze

Quick-Jump: 4703

 ab 4

 ab 5

 beliebig

Material:
Bretter
Poolboys
T-Shirt

Beschreibung:
Es werden alle Spieler in zwei Teams aufgeteilt und an die kurze Seite der Bahn gestellt.

Jedes Team bekommt gleich viele Gegenstände (Bretter, T-Shirts) und muss diese auf die andere Seite transportieren (T-Shirt anziehen, etwas auf das Brett legen, ...).

Gewonnen hat das Team, welches als erstes auf der anderen Seite ist.

Fährmann-Staffel
von Christian Mehler

Quick-Jump: 2806

 ab 4   ab 6   beliebig

Material:
pro Gruppe:
- ein Seil
- eine Luftmatratze

Vorbereitung:
Die Seile über das Becken bzw. Gewässer spannen, sowie die Kinder in Gruppen einteilen.

Beschreibung:
Auf der Luftmatratze sitzend (bzw. stehend bzw. liegend) muss sich das jeweilige Gruppenmitglied an dem Seil entlang vorwärts ziehen (und auch wieder zurück). Die Gruppe, deren Mitglieder alle einmal durch sind, haben gewonnen.

Variation:
Dieses Spiel lässt sich gut in andere Spiele am Strand integrieren, z.B. kann man nur mit dem Luftmatratzentransport einen Gegenstand in Sicherheit bringen.

Förderband
von Cornelia Steinmann

Quick-Jump: 466

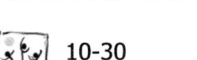 10-30   ab 6   10 Min.

Material:
keins

Beschreibung:
Die Spieler stellen sich in zwei Reihen einander gegenüber auf. Immer zwei gegenüberstehende Spieler fassen sich über Kreuz an den Händen. Es ist praktisch, wenn sich Leute ähnlicher Größe gegenüber stehen. Die Spielerpaare stehen möglichst nahe beieinander, so dass ein lückenloses Förderband entsteht.

Ein Spieler legt sich auf das Förderband und wird darüber befördert, indem die Spieler ihre miteinander verschränkten Hände unter Wasser nach unten und oben bewegen.

Bemerkung:
Schlüsselbänder und Uhren vorher ausziehen.

Jasskarten-Staffette
von Lynn-Marie Brigger

Quick-Jump: 2165

 ab 4   ab 6   10 Min.

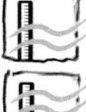

Material:
laminiertes Jasskartendeck

Beschreibung:
Es werden die zwei Gruppen "rot" und "schwarz" gebildet. Am oberen Ende der Bahn legt der Leiter 18 durchmischte Jasskarten (9 rot, 9 schwarz) mit der Rückseite nach oben hin. Auf sein Kommando hin springen die beiden ersten Kinder ins Wasser, schwimmen eine Länge und decken oben eine Jasskarte auf. Ist es eine in ihrer Farbe, können sie sie mitnehmen. Sonst muss sie wieder verdeckt hingelegt werden. Die Kinder laufen zurück. Sobald sie wieder bei ihrer Gruppe sind, startet das nächste Kind. Der Leiter passt oben bei den Jasskarten auf, damit auch alles richtig läuft.
Gewonnen hat die Gruppe, die als erstes ihre neun Karten beisammen hat.

Tipps:
Die Jasskarten gehen weniger schnell kaputt, wenn sie laminiert bzw. mit durchsichtiger Klebefolie "verpackt" werden.
Die Kinder werden sich untereinander Tipps geben, welche Karten nicht in ihrer Farbe sind. Um dies zu erschweren, kann der Leiter die Karten ab und zu neu durchmischen.

Variationen:
Eine kleine Erschwerung: Die Gruppen müssen nicht nur alle Karten beisammen haben, sondern sie dem Leiter auch in der richtigen Reihenfolge (Ass, König, Dame,...) präsentieren.
Mit kleineren Kindern oder solchen, die nicht so gut schwimmen können, wird das Spiel im Kinderbecken durchgeführt. Es darf durch das Wasser gelaufen werden.

Aufwärm-Spiel-Variation von Roland Riner

Das Spiel ist auch ein gutes Aufwärmspiel außerhalb des Wassers. Vier Gruppen rennen in einer Staffete gegeneinander und diejenige, die zuerst alle Karten ihrer Farbe hat, hat gewonnen. Das Prinzip ist dasselbe, wie oben beschrieben.

Kerze anzünden
von Roland Riner

Quick-Jump: 2184

 2 bis 12 ab 12 ca. 20 Min.

Material:
pro Gruppe:
- eine Packung Zündhölzer
- eine Kerze
- eine durchsichtige Plastikschüssel

Beschreibung:
Die Gruppe muss in der Luftblase der Plastikschüssel die Kerze anzünden. Das Problem ist nur, dass die Kerze am Boden des Schwimmbeckens angezündet werden muss. Diejenige Gruppe, die zuerst die Kerze kurz entzündet hat, hat gewonnen.

Tipp:
- Nicht mit Kindern durchführen.
- Zeit geben, eine Taktik abzusprechen.

Klamottenstaffel
von Julia Ständer

Quick-Jump:
2154

 ab 4   ab 8   15 Min.

Material:

Mütze

Handschuhe

Hemd

Hose

Beschreibung:

Dieses Spiel ist so ähnlich wie "Schokolade essen", welches sicher viele kennen. Nur werden bei dieser Variation die Spieler in zwei Gruppen eingeteilt.

Dann muss sich jeweils ein Mitspieler jeder Gruppe die Mütze, Handschuhe, Hemd und Hose anziehen und die vorgegebene Strecke schwimmen.

Wenn er wieder am Ausgangspunkt ankommt, muss er die Sachen so schnell wie möglich ausziehen und an den nächsten Mitspieler übergeben. Die Gruppe, in der als erstes alle Mitspieler einmal geschwommen sind, hat gewonnen.

Variation:

Man kann die Kleidung wechseln, vielleicht anstatt einer Hose Socken anziehen. Je nach Alter der Teilnehmer auch die schweren Sachen (Hemd/Hose) weglassen.

Hinweis:

Man muss auf eine gerechte Verteilung achten. Nicht, dass alle guten und älteren Schwimmer in einem Team sind und der Rest dann das "Verlierer-Team" bildet. Das macht auch keinen Spaß.

Klett-Suche
von Christian Mehler

Quick-Jump:
2804

 ab 3 ab 6 beliebig

Material:
Anti-Rutsch-Kletten

Was sind Anti-Rutsch-Kletten?
Diese sind eigentlich für das Badezimmer gedacht: kleine Tiere (bzw. andere Formen) in diversen Farben mit Saugnoppen an einer Seite. Tiere in durchsichtigem Weiß sind unter Wasser (fast) unsichtbar. Die Kletten bekommt man günstig in 1-Euro-Läden.

Sicherheitsbelehrung:
Vor dem Tieftauchen fragen, ob jemand erkältet ist. Zudem tauchen ohne ärztliche Erlaubnis (s. Einleitung) auch keine Kinder, die in letzter Zeit eine Ohrentzündung hatten.

Beschreibung:
Die Kletten im Becken je nach Aufgabenstellung verteilen. Mit den Kletten kann man verschiedene Zielsetzungen verfolgen:

Spaß
Man verteilt die Kletten auf dem Boden/Seitenwand und die Kids gehen auf Suche. Wer die meisten hat, hat gewonnen.

Langstreckentauchen
Die Kletten werden farblich sortiert und werden in der Farbskala auf- oder absteigend in der Bahn verteilt (also z.B. hell am Anfang, dunkel am Ende der Bahn). So kann jeder sagen, wie weit er getaucht ist und man motiviert sich so gegenseitig.

Tieftauchen
Die Kletten werden wieder farblich sortiert und der Farbskala gemäß von oben nach unten an der Beckenseite angebracht. Dabei kann man gleich noch durch eine bestimmte Form/Farbe die wichtigen Punkte markieren: bis hierhin maximal mit Schwimmbrille, 1. Druckausgleich auf dieser Höhe, 2. Druckausgleich auf dieser Höhe, etc.

Langer Hans
von Christian Mehler

Quick-
Jump:
4487

 ab 2   ab 8   15 Min.

Material:
Stoppuhr

Beschreibung:
Die Schwimmer gehen paarweise zusammen. Der Hintermann hält sich mit beiden Händen an den Fußknöcheln des Vordermannes fest. Sollte sich die Verbindung lösen, muss man natürlich wieder neu finden. Der weitere Ablauf gliedert sich in zwei Schritte:

1. Schwimmartkombination herausfinden
Die Teilnehmer bekommen max. 5 Minuten, um verschiedene Schwimmarten so geschwommen auszuprobieren (bspw. Vorder- und Hintermann schwimmen Brust oder der Vordermann macht Brustarmbewegung und der Hintermann die Kraulbewegung) und jedes Team muss sich für eine entscheiden, mit der es glaubt am schnellsten zu sein.

2. Wettkampf
Die Teams schwimmen nun mit der gewählten Schwimmart gegeneinander. Da man auf einer Bahn keine zwei dieser "langen Hanse" schwimmen lassen kann, startet jedes Team einzeln vom Beckenrand und der Spielleiter stoppt die Zeit.

Variation:
- Wettkampf herauslassen.
- Über die Erfahrungen des Zusammenschwimmens reflektieren.
- Schwimmartkombination für Wettkampf vorgeben.
- Es wird sich nur mit einer Hand an einem Fußknöchel des Vordermannes festgehalten.

Leiterchenschwimmstunde
von Christian Mehler

Quick-Jump: 4469

 5 bis 20   ab 7   beliebig

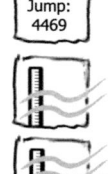

Material:
- Spielplan
- Karten
- Würfel (am Besten einen großen aus Schaumstoff)
- Spielsteine (je 1 pro Mitspieler)
- durchsichtiges Klebeband
- farbiges Papier (je 1 Blatt in grau, orange, grün, lila, gelb und weiß)
- Theoriemappe mit kingerechter, kurzer Literatur - oder andere Karten dafür machen

Vorbereitung:
Spielplan selbst erstellen oder aus dem Anhang von Grik.de nehmen, ausdrucken, jedes Blatt einzeln laminieren und dann mit viel Klebeband nach dem Laminieren zusammenkleben
Karten selbst erstellen oder aus dem Anhang nehmen, auf passend farbiges Papier drucken, ausschneiden und laminieren (und wieder etwas ausschneiden)

Beschreibung:
Das Spiel basiert auf dem wohl bekannten Leiterchenspiel mit einigen Extra-Regeln:
"Wer auf ein farbiges Feld kommt, zieht eine Karte der entsprechenden Farbe und führt die jeweilige Aktion aus.
Wenn man auf ein Feld kommt, an das eine braune Leiter angrenzt, so muss man bei dieser entsprechend auf- oder absteigen. Bei einem Feld an das eine schwarze Leiter angrenzt, würfelt man erneut und steigt nur bei den angegebenen Würfelzahlen auf oder ab (ansonsten bleibt man sitzen und führt die entsprechende farbliche Aktion aus).
Die Aktion des Feldes, auf dem man nach einem Auf- oder Abstieg landet, muss man ausführen (und nicht die, auf der man vor dem Auf- oder Abstieg stand)."

Somit würfeln die Teilnehmer, ziehen entsprechend diesen Regeln auf dem Spielplan, ziehen dann eine Karte in der Farbe des entsprechenden Feldes und führen dann die entsprechende Aktion aus, kommen wieder an und stellen sich in die Schlange zum Würfeln, würfeln, ...

Variation:

Wenn man den Spielplan einmal erstellt hat, kann man dieses Spielprinzip auch nur durch das Erstellen von neuen Karten einfach auf andere Zielgruppen zuschneiden.

Hinweis:

Das Spiel wurde 2006 für 30 Kinder auf zwei Bahnen entworfen und sehr erfolgreich durchgeführt.

Je nach Situation kann es vorkommen, dass die Zeit nicht ausreicht. Dann einfach schon vorher ausmachen, dass um X Uhr die Person gewonnen hat, die dann ganz vorne ist - auch wenn es meist keinen mehr interessiert, wer gewonnen hat ... denn es ist wirklich anstrengend.

Lichterkette
von Christian Mehler

Quick-Jump: 4490

 2 bis 20   ab 9   10 Min.

Material:

pro Gruppe:
- mindestens eine Streichholzschachtel (mit Streichhölzern)
- ein Teelicht

Beschreibung:

Die Gruppe ggf. in Kleingruppen einteilen. Aufgabe der Kleingruppen ist es jetzt, dass jeder wenigstens eine Bahn mit der Streichholzschachtel schwimmt und danach noch mit einem Streichholz aus dieser das Teelicht anzündet.

Die Gruppen sollten eine kurze Beratungszeit bekommen, um zu klären wie sie die Schachtel transportieren möchten. Die Transportart darf innerhalb einer Gruppe nicht geändert werden und auch nicht vorher ausprobiert werden.

Zum Schluss eine kurze Auswertungsphase - wie immer bei erlebnispädagogischen Spielen - nicht vergessen.

Variation:

Als Wettkampf gegeneinander: Welche Kerze brennt als erstes?
Aus jeder Gruppe schwimmen immer zwei gleichzeitig. Dabei müssen beide durchgehend die Streichholzschachtel berühren.

Luftballonkennenlernen

von Christian Mehler

Quick-Jump: 2793

 ab 4   ab 6   5 Min.

Material:

Luftballons

Beschreibung:

Jeder Teilnehmer bekommt einen Luftballon, bläst diesen auf und knotet ihn zu. Die Teilnehmer bewegen sich frei im Becken und müssen dabei den Luftballon mit der Hand in der Luft fliegend halten (also immer wieder hochschubsen). Begegnet man nun einem anderen Teilnehmer, tauscht man mit diesem den Luftballon und sagt dabei seinen Namen. Ebenfalls kann man auch - wie bei anderen Spielen - andere Merkmale vorgeben (z.B. Hobby, Lieblingsserie, etc.).

Bemerkung:

Nur Luftballons nehmen, die nicht in kleine Schnipsel zerplatzen, sondern "dickere" kaufen. Vor dem Einsatz mit dem Bademeister absprechen.

Luftballontransport
von Christian Mehler

Quick-
Jump:
4491

 ab 5 ab 5 10 Min.

Material:
zwei Wannen (Wäschewannen/ Bauwannen)
(nicht zu große) Luftballons

Vorbereitung:
Eine Wanne wird mit den aufgeblasenen Luftballons gefüllt. Die leere Wanne wird am gegenüberliegenden Beckenrand postiert.

Beschreibung:
Die Gruppe bekommt die Aufgabe, alle Luftballons vom einem zum anderen Beckenrand, ohne dabei miteinander zu reden, zu transportieren. Dabei darf kein Luftballon die Wasseroberfläche berühren. In einem solchen Fall muss die Aufgabe wieder neu gestartet werden.

Die Gruppe bekommt zuerst 5 Minuten Zeit ihre Taktik zu besprechen. Dann startet das Redeverbot. Die Gruppe begibt sich ins Wasser und startet ...
Danach wieder eine kurze Auswertung vornehmen: Wer war der Hauptsprecher in der Planungsrunde? Wessen Vorschlag wurde umgesetzt? Wie war die Umsetzung dann tatsächlich?

Variation:
- auf Zeit spielen und den eigenen Rekord schlagen
- mehr Luftballons
- Bälle anstatt Luftballons machen es leichter
- jeder zweite Spieler muss eine "tote Schwimmbrille" aufziehen (mit und ohne Redeverbot)
- nur mit der ungeübten Wurfhand werfen

Bemerkung:
Für jüngere Kinder kleinere Abstände zwischen diesen wählen und stückweise erweitern.
Dazu bietet es sich an anfänglich "über die Ecke" zu spielen und nicht zur gegenüberliegenden Beckenwand.

Eine leichte Regellockerung (bspw. Sprecherlaubnis) bietet sich dabei auch an.

Sonstiges:

Ich hatte mal eine Gruppe, die sich regelgerecht ins Wasser begab und ohne zu reden die Wanne schnappte, diese an den anderen Beckenrand transportierte und einfach nur die Bälle umschüttete.

Material-Förderband

von Christian Mehler

Quick-
Jump:
2262

 ab 5   ab 6   5-10 Min.

Material:

pro Gruppe:
- ein Becher
- ein Schwimmbrett
- ein Eimer

Vorbereitung:

Die Kinder in gleichstarke Gruppen einteilen. Die Eimer am Rand des Beckens aufstellen.

Beschreibung:

Die Gruppen haben als Aufgabe den Eimer zu füllen, somit steht der letzte Spieler kurz vor diesem. Der erste Spieler füllt den Becher, stellt diesen auf das Schwimmbrett. Dieses muss nun bis zum Eimer durchwandern, ohne dass der Becher umfällt.

Fällt der Becher um, so muss das Brett und der Becher zurück zum ersten Spieler. Wer zuerst seinen Eimer voll hat, hat gewonnen.

Materialmassentransport
von Christian Mehler

Quick-Jump: 4492

 ab 6   ab 10   10 Min.

Material:
Ringe
Bretter
Noodels

Beschreibung:
Das Material liegt am Beckenrand. "Herzlich Willkommen auf der Titanic. Wir sinken! Neben Ihnen finden Sie alles, was wir während unserer Seenot brauchen werden. Wir haben noch fünf Minuten, um zu planen, wie wir das ganze Material von hier ins sichere Rettungsboot (Fingerzeig auf den anderen Beckenrand) transportieren können. Da wir dazu schon durch einen teilweise mit Wasser vollgelaufenen Teil der Titanic müssen, kann jeder nur einmal schwimmen. Zum Schluss müssen wir dabei noch eine Treppe hoch, weshalb jeder wenigstens eine freie Hand haben muss. Und denken Sie daran: Sobald ein Gegenstand nicht mehr von einem von uns festgehalten wird, wird er forttreiben und wir werden keine Chance mehr haben!"

Nach dieser oder einer ähnlichen Einführung hat die Gruppe noch fünf Minuten Zeit sich über die Taktik zu einigen. Wichtig sind dabei die Regeln:

1. Jeder kann nur einmal die Bahn schwimmen - und keiner schwimmt auch nur kleine Teile zurück
2. Jeder muss wenigstens eine freie Hand haben
3. Jeder Gegenstand muss im Wasser immer von wenigstens einem Teilnehmer festgehalten werden

Variation:
Wenn die Teilnehmer sich zu schnell auf eine Taktik geeinigt haben: "Oh Gott, die Strömung wird stärker. Wir werden uns gemeinsam festhalten müssen, um niemanden zu verlieren." Also zusätzliche Regel: Die Spieler müssen irgendwie alle miteinander verbunden sein.

Materialschlacht-Staffel

von Christian Mehler

Quick-
Jump:
4483

 6 bis 20 ab 6 10 Min.

Material:

Pullbouys
Bretter
Tauchringe

Vorbereitung:

Material auf der Bahn verteilen - pro Bahnhälfte ungefähr gleich viel

Beschreibung:

Die Teilnehmer in zwei Gruppen einteilen. Die Gruppen starten von beiden Beckenrändern aus. Es darf immer nur eine Person einer Gruppe im Wasser sein. Der nächste darf erst starten, wenn der aktuelle Schwimmer wieder aus dem Wasser ist. Jeder darf nur einen Gegenstand bergen. Ein Teilnehmer darf erst dann wieder ins Wasser, wenn bereits alle anderen Teilnehmer ebenso häufig wie er im Wasser waren.
Gewonnen hat die Gruppe mit den meisten Gegenständen.

Variation:

Das Spiel kann man noch um eine Teamkomponente erweitern. Jeder Gegenstand wird mit einer unterschiedlichen Punktzahl bewertet. Diese Übersicht wird an beiden Beckenrändern ausgelegt. Jetzt haben die Gruppen einige Minuten Zeit, sich eine Taktik zu überlegen, wie sie möglichst hohe Punkte bekommen.

Meeting
von Christian Mehler

Quick-
Jump:
4473

 6-20 ab 6 10 Min.

Material:
Stoppuhr

Beschreibung:
Die Teilnehmer werden in zwei Gruppen aufgeteilt. Jede Gruppe geht an einen Beckenrand. Auf das Startzeichen hin schwimmt von jedem Beckenrand ein Mitspieler los. Sobald sich die beiden schwimmenden Mitspieler auf der Bahn berühren, drehen diese um und schwimmen zurück zu ihrem Startrand.

Der Spielleiter stoppt die Zeit bis jeder einmal geschwommen ist. Schafft es die Gruppe ihren eigenen Rekord zu knacken?

Variation:
- Berührungsart vorgeben (bspw. Ellebogen oder Fußsohlen gegeneinander drücken).
- Zeit vorgeben.
- Vier Gruppen machen, wobei zwei immer ein Team bilden und als Wettkampf gegeneinander schwimmen lassen.

Hinweis:
Vor allem der Richtungswechsel auf der Bahn bereitet vielen "Startschwierigkeiten".

Nebelschwimmer
von Christian Mehler

Quick-Jump: 2801

 ab 5

 ab 10

 5 Min.

Material:

pro Gruppe:
- eine "tote" Schwimmbrille
- ein Ball

Vorbereitung:

Aufteilung in zwei Gruppen. Jede Gruppe bestimmt einen Schwimmer. Dieser zieht die Schwimmbrille an. Die Bälle werden ins Becken geworfen und jeweils ein Ball einer Gruppe zugeordnet. Die Nicht-Schwimmer stehen am Beckenrand.

Beschreibung:

Die Gruppen müssen nun ihren Schwimmer zu ihrem Ball durch Rufen leiten - ohne dabei ihren aktuellen Standort zu verlassen.

Pantomimestaffel
von Christian Mehler

Quick-Jump: 2126

 ab 10   ab 9   10 Min.

Material:
Karten mit Begriffen

Beschreibung:
Pro Mannschaft werden so viele Karten bereitgehalten und gemischt wie Kinder in der Mannschaft sind. Die Karten werden an den gegenüberliegenden Beckenrand gelegt. Um das gegenseitige Mitschauen zu erschweren, sollte man zumindest teilweise für jede Gruppe eigene Begriffe nehmen, die auf den Karten stehen.

Der Startschwimmer schwimmt zur anderen Beckenseite, zieht die oberste Begriffskarte, legt die Karte wieder ab, schwimmt zurück zur Gruppe und erklärt dort pantomimisch (also ohne Sprechen) den Begriff, bis er erraten wurde. Dann darf der nächste Schwimmer starten.

Welche Mannschaft zuerst alle Begriffe erraten hat, hat gewonnen!

Rette die Meerjungfrau
von Christian Mehler

Quick-
Jump:
2271

 ab 5   ab 8   5 Min.

Material:
keins

Beschreibung:
Ein Spieler wird zur "Meerjungfrau". Diese schwimmt nun in die Mitte des Beckens und ruft: "Rettet mich!" Nun starten alle anderen Spieler und müssen versuchen als Fische die Meerjungfrau an ein Ufer zu bekommen - ohne dabei die Arme und Hände zu benutzen.

Variation:
Alle müssen sich beim Retten berühren!

Ringe schieben mit Bretter drehen
von Christian Mehler

Quick-Jump: 2272

 ab 4   ab 8   5 Min.

Material:
Ringe
Bretter mit zwei verschiedenfarbigen Seiten

Vorbereitung:
Ringe auf die Mittellinie ("schwarzer Strich") legen bzw. Bretter im Wasser verteilen. Die Teilnehmer in zwei Gruppen aufteilen und die Brettfarben den Gruppen zuweisen.

Beschreibung:
Ringe schieben und Bretter drehen kann man auch getrennt spielen. Bei dieser Version gibt es jedoch noch mehr Spaß.

Die Kinder haben die Aufgabe in einer vorher festgelegten Zeit, so viele Ringe wie möglich in die gegnerische Hälfte zu schieben bzw. Bretter auf eigene Farbseite zu drehen.

Die Siegpunkte werden so ermittelt: Anzahl Bretter in der eigenen Farbe minus Anzahl der Ringe in seiner Hälfte. Gewonnen hat, wer dann noch die meisten Siegpunkte hat.

Rodeo
von Christian Mehler

Quick-Jump: 4493

 2-20   ab 6   5-10 Min.

Material:
pro Teilnehmer:
- eine Noodle

Beschreibung:
Die Teilnehmer bilden Paare. Jedes Paar setzt sich hintereinander auf zwei nebeneinander liegende Noodles. In dieser Kombination sollen die Paare eine Bahn zurücklegen.

Variation:
- Die Partner sitzen nebeneinander und klemmen die Noodles unter den Knieen ein.
- Wettschwimmen gegeneinander.

Hinweis:
Vor allem in der Pubertät nur gleichgeschlechtiche Paare bilden.

Schatz heben
von Christian Mehler

Quick-Jump: 2798

 ab 1   ab 7   5 Min.

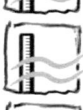

Material:

Eimer	Seil
T-Stein	Becher
zwei Baumwolltaschen	Elektrokabelrohre

Vorbereitung:
T-Stein in die erste Baumwolltasche stecken und das ganze in die zweite Baumwolltasche (damit man die Fliesen nicht zerkratzt). Der Steinbeutel an den Eimer anbinden. Eventuell vorher schonmal Eimer und Stein aufeinander abpassen. Den Eimer mit Wasser füllen und versinken lassen.

Beschreibung:
Die Kinder haben die Aufgabe, den Eimer wieder zu bergen. Dazu bekommen sie die Hilfsmittel zur Verfügung gestellt. Insgesamt haben sie also mehrere Möglichkeiten:
- abtauchen und Luft in Eimer blasen
- abtauchen und Luft durch Rohr in Eimer blasen
- abtauchen und Luft mit dem Becher von der Oberfläche mitnehmen

Schiebe-Zieh-Champion
von Christian Mehler

Quick-
Jump:
2116

 ab 8   ab 7   5 Min.

Material:
keins

Vorbereitung:
Man sollte sich vorher überlegen, ob man Jungen und Mädchen getrennt voneinander antreten lässt. Zudem sollte man auch überlegen, ob man hieraus einen großen oder mehrere kleine Wettkämpfe macht.

Beschreibung:
1. Runde
Paarweise werden die Fußsohlen gegeneinander gelegt und man versucht den „Gegner" durch kräftige Armbewegungen wegzuschieben. Dabei müssen die Beine gestreckt bleiben. Die Runde endet, sobald einer den anderen über eine bestimmte Position geschoben hat bzw. einer die Beine anwinkelt. Oder wenn man alternativ in der Mitte des Beckens anfängt, endet die Runde, sobald einer den Rand berührt.

2. Runde
Dasselbe nur mit den Armen (alternativ kann man auch ein Schwimmbrett dazwischen legen, woran sich beide festhalten). Hierbei müssen die Arme durchgestreckt sein.

3. Runde
Die zwei Spieler fassen sich an den Händen und versuchen, den Gegner zu ziehen. Am Besten erst mal im flachen Wasser ausprobieren, funktioniert aber auch im tiefen.

4. Runde
Im flachen Wasser stehen sich jeweils zwei Spieler auf einem Bein gegenüber und verschränken die Arme. So versuchen sie jetzt sich aus dem Gleichgewicht zu bringen.

Schiffe versenken
von Christian Mehler

Quick-Jump: 2806

 ab 4   ab 8   5 Min.

Material:

pro Gruppe:
- ein großer Eimer bzw. Zementbottich

pro Teilnehmer:
- ein Putzeimer

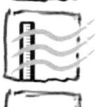

Vorbereitung:
Den großen Eimer mit Seilen im Wasser fixieren, sodass er nicht zu weit wegtreiben kann (eventuell festhalten).

Beschreibung:
Jede Gruppe muss nun vom Rand aus (stehend) versuchen, so viel Wasser wie möglich in ihren Bottich zu schütten, bis dieser untergeht. Dessen Schiff zuerst untergeht, hat gewonnen.

Schlangenstaffel
von Christian Mehler

Quick-Jump:
4471

 ab 8   ab 6   5 Min.

Material:
keins

Beschreibung:
Die Teilnehmer werden in Gruppen von maximal zwölf Personen eingeteilt. Die Mitglieder einer Gruppe stellen sich hintereinander auf. Nun fasst jeder mit dem linken Arm der vorderen Person an die Schulter und hält mit der anderen Hand deren rechten Knöchel fest. So müssen die Gruppen gegeneinander eine vorher festgelegte Strecke bewältigen (hüpfend).

Variation:
Wenn sich eine Kette löst, muss diese zurück an den Anfang und von dort neu formiert wieder starten.

Bemerkung/Hinweis:
Das Mindestalter ist sehr von den koordinativen Fähigkeiten der Teilnehmer abhängig. Eine Durchführung sollte sich demnach nicht nur nach dem Teilnehmeralter richten.

Das Spiel kann man auch außerhalb des Wassers, vorzugsweise auf einer Wiese spielen. Allerdings nicht als Wettrennen, sondern nur um eine bestimmte Strecke zurückzulegen.

Schwimmbrettturmbau
von Christian Mehler

Quick-Jump: 4494

 4 bis 20   ab 6   10 Min.

Material:
viele Schwimmbretter

Beschreibung:
Jeder Schwimmer transportiert ein Schwimmbrett zum anderen Beckenrand und verbaut dort dieses zu einem Turm (wie den Kartenturm bzw. Kartenpyramide). Danach schwimmt er wieder zurück und transportiert das nächste Brett. Natürlich ist es so, dass nicht jedes Schwimmbrett sofort verbaut werden kann. Aber spätestens nach drei Stück muss weitergebaut werden.

Sobald der Turm zusammenstürzt, werden die Bretter wieder auf die andere Seite vom Spielleiter gebracht und es startet von vorne. Schafft es die Gruppe, alle Bretter zu einer Pyramide zu verbauen?

Seerobbe
von Christian Mehler

Quick-Jump:
4474

 ab 6   ab 6   5 Min.

Material:
Ball
Stoppuhr

Beschreibung:
Die Teilnehmer bekommen die Aufgabe, sich möglichst gleichmäßig auf der Bahn zu verteilen. Jetzt erst wird das Spiel erklärt: Der Spielleiter wirft den Ball zu einem Mitspieler. Dieser soll den Ball weiter werfen und sich merken zu wem und von wem er den Ball bekommen hat. Wenn alle Mitspieler einmal den Ball hatten, bekommt der Spielleiter wieder den Ball.

Die Teilnehmer sollen nun versuchen, den Ball so schnell wie möglich in der eben erstellten Reihenfolge zu spielen. Dazu stoppt der Spielleiter wieder die Zeit. Schafft die Gruppe ihren eigenen Rekord zu brechen?

Variation:
- den Ball durch ein Schwimmbrett ersetzen
- mehrere Gegenstände gleichzeit laufen lassen
- zweiten Gegenstand in eigener Reihenfolge laufen lassen
- den Ball durch einen Tauchring ersetzen

T-Shirt-Staffel
von Christian Mehler

Quick-Jump:
4481

 4 bis 16   ab 6   5 Min.

Material:
zwei große T-Shirts

Beschreibung:
Die Teilnehmer werden in zwei Gruppen aufgeteilt. Jede Mannschaft bekommt ein T-Shirt. Die Startschwimmer ziehen das T-Shirt an und springt beim Startsignal ins Wasser. Je nach Altersstufe schwimmt er eine oder mehrere Bahnen. Sobald er am entsprechenden Beckenrand ankommt, muss er das T-Shirt ausziehen und dem nächsten Schwimmer seiner Mannschaft übergeben. Dieser zieht es an und schwimmt dann auch so schnell er kann.

Sieger ist die Mannschaft, bei der zuerst alle Teilnehmer einmal geschwommen sind und deren T-Shirt als Erstes wieder auf dem Startblock liegt.

Variation:
Man kann das Spielprinzip noch mit weiteren Kleidungsstücken (bspw. Mütze und Handschuhe) steigern.

Tag und Nacht
von Christian Mehler

Quick-Jump: 4778

 ab 6 ab 6 5 Min.

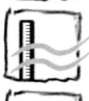

Material:
keins

Beschreibung:
Die Teilnehmer werden in zwei Gruppen, "Tag" und "Nacht", eingeteilt und stehen sich in der Mitte des Beckens mit ca. 2 bis 3 Meter Abstand gegenüber. Der Spielleiter erzählt eine Geschichte. Immer, wenn in dieser das Wort "Tag" vorkommt, muss die Taggruppe versuchen, die Nachtgruppe zu fangen (beim Wort "Nacht" umgekehrt). Die Gefangenen gehören dann zur Gruppe der Fänger. In Sicherheit ist man, wenn man den Rand erreicht hat.

Sieger ist die Mannschaft, die zum Schluss aus allen Mitspielern besteht.

Variation:
Kann man auch gut mit anderen Wörtern machen und so bspw. in ein Thema einbetten.

Tauchquiz
von Christian Mehler

Quick-Jump: 4777

 ab 3   ab 8   5 Min.

Material:
Luftballons (in mehreren Farben)
Beschwerer (Tauchgewichte, gefüllte Plastikflaschen, etc.)
Seil
Papier

Vorbereitung:
Mehrere bekannte Sprüche (oder Liedzeilen) heraussuchen und jedes Wort auf einen Zettel aufschreiben. Jeden Zettel in einen Luftballon packen, gut zuknoten und dann diesen an den Beschwerer binden. Pro Gruppe werden die Zettel in gleichfarbige Luftballons verpackt.

Beschreibung:
Die Gesamtgruppe wird in mehrere Kleingruppen eingeteilt. Währenddessen die beschwerten Luftballons im Wasser versenken.

Pro Gruppe darf nur ein Mitglied zu einem Zeitpunkt im Wasser sein (und es sollte sich mit dem Tauchen abgewechselt werden). Mit dem heraufgetauchten Ballon (mit/ohne Beschwerer) begibt er sich zur Gruppe. Während jeweils ein Gruppenmitglied taucht, versuchen die anderen den Spruch bereits herauszubekommen. Welche Gruppe schafft dies als erstes?

Hinweis:
Als Beschwerer lassen sich gut Plastikflaschen (von Molke und Buttermilch) nehmen, die man mit Steinen füllt. Jetzt noch schwarz ansprühen, und schon sehen diese nicht mehr nach Plastikflasche aus.

Tischtennisball-Blasen
von Roland Riner

Quick-Jump: 2183

 ab 2   ab 6   5 Min.

Material:
Tischtennisbälle

Beschreibung:
Jeder Teilnehmer bekommt einen Tischtennisball. Der Ball wird auf das Wasser gelegt.

Der Tischtennisball muss nun eine bestimmte Strecke zurücklegen. Die Teilnehmer dürfen weder ihren noch einen anderen Ball berühren. Sie können nur durch Blasen den Ball fortbewegen.

Sieger ist derjenige, der zuerst seinen Ball eine bestimmte Strecke weit geblasen hat.

Variation:
Je tiefer das Wasser ist, desto schwerer wird es, da die Teilnehmer nicht mehr stehen können.

Treffen
von Roland Riner

Quick-Jump: 2198

 10-25   ab 5   5-15 Min.

Material:
keins

Beschreibung:
Die Teilnehmer gehen durch das Wasser. Wenn sich zwei begegnen, dann geben sie sich einen Handschlag.

Nach einer Minute wird der Auftrag geändert. Wenn sich zwei begegnen, dann:
- muss einer dem anderen zwischen den Beinen durchtauchen (Achtung: Zusammenstösse!).
- muss einer über den anderen Bock springen.
- müssen sie drei Mal um den anderen herum schwimmen.
- müssen sie einander 5 Sekunden lang anspritzen.
- und vieles mehr.

Verfolger
von Christian Mehler

Quick-Jump:
4480

 4 bis 10   ab 8   10 Min.

Material:
keins

Beschreibung:
Die Teilnehmer stellen sich hintereinander am Startblock bzw. Beckenrand auf. Diese starten mit einem zeitlichen Abstand alle hintereinander.

Bei insgesamt sehr schnellen Gruppen reichen drei Sekunden. Bei Gruppen mit sehr unterschiedlicher Schwimmgeschwindigkeit sollte man die Startabstände variabel gestalten.

Ziel ist es dabei den Vordermann an den Fußsohlen zu berühren. Schafft man es, so tauscht man mit diesem den Platz in der Startreihenfolge. Wer führt nach mehreren Durchgängen?

Vorsicht: Eisberge!

von Christian Mehler

Quick-Jump: 4774

 ab 10　　 ab 8　　 5 Min.

Material:
"tote" Schwimmbrille

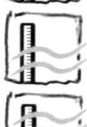

Beschreibung:
Ein Teilnehmer zieht d e "tote" Schwimmbrille an. Alle anderen Teilnehmer sind Eisberge und verteilen sich im Wasser.

Der blinde Teilnehmer (Schiff) soll nun von der einen zur anderen Seite gelangen - ohne dabei an einen Eisberg zu stoßen. Daher ruft er immer "Piep" (Echolot). Ist er in der Nähe eines Eisberges, so gibt dieser den Ton wieder.

Vorspringer
von Christian Mehler

 ab 2   ab 6   5 Min.

Material:
keins

Beschreibung:
Abwechselnd springt jeder Teilnehmer vom Startblock einen Sprung vor. Dieser sollte möglichst ausgefallen sein. Alle anderen Teilnehmer sollen dann versuchen, den Sprung zu imitieren. Dann zeigt der nächste Teilnehmer seinen ausgefallenen Sprung.

Wasser-Bodyguard
von Christian Mehler

Quick-Jump: 2270

 ab 7   ab 10   5-10 Min.

Material:
trockener Gegenstand

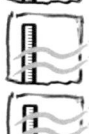

Beschreibung:
Die Kinder werden in zwei Gruppen im Verhältnis 2:1 geteilt. Die kleinere Gruppe sind die Bodyguards. Von diesen übernimmt einer den trockenen Gegenstand. Die anderen Bodyguards müssen aufpassen, dass dieser von den anderen Spielern nicht unter Wasser gedrückt wird. Sobald der Gegenstand dadurch nass geworden ist, haben die Bodyguards verloren (der Transporter darf nicht gewechselt werden).

Variation:
Zum Üben kann man auch jedem Kind einen solchen Gegenstand geben. Diese sollen sich auf den Rücken legen, den Gegenstand auf die Brust und jetzt den Gegenstand trocken zur anderen Seite transportieren.

Wasser-Ritter-Turnier
von Christian Mehler

Quick-Jump:
4470

 10 bis 40   ab 7   15 Min.

Material:
Schwimmbretter

Beschreibung:
Die Teilnehmer werden in zwei Gruppen aufgeteilt. Diese setzen sich an den gegenüberliegenden Seiten auf das Schwimmbrett. Jeweils die vordersten versuchen möglichst schnell auf die andere Seite zu kommen. Dabei darf versucht werden, den entgegenkommenden Spieler vom "Pferd" zu stoßen. Wer von seinem Schwimmbrett-"Pferd" "absteigt" (aus welchen Gründen auch immer), scheidet aus.

Wer auf seinem Brett sitzend ankommt, stellt sich an dem Beckenrand, an dem er ankommt, wieder an. Am Beckenrand darf man natürlich vom Pferd absteigen.

Gewonnen hat, wer zum Schluss noch auf seinem Brett sitzt.

Variation:
- Wenn beide auf dem Brett trotz Kampf sitzen bleiben, scheidet der aus, der als letzter an seinem neuen Beckenrand ankommt.
- Kampfzeitbegrenzung einführen

Bemerkung:
Die Aufteilung in zwei Gruppen hat rein "kosmetische" Gründe. Es sind keine echten Gruppen. Dies dient nur dazu, dass auf jeder Seite am Anfang etwa gleich viele Mitspieler sind. Denn wer seinen Kampf gewinnt, kämpft weiter ...

Sonstiges:
Kann man natürlich auch mit zwei Teams spielen, die gleichzeitig von beiden Rändern mit allen Gruppenmitgliedern starten.

Wasserstaffel

von Christian Mehler

Quick-Jump:
4472

 6-12 ab 7 5 Min.

Material:

in gerader Anzahl:
- Noodeln
- Tauchringe
- 5kg-Ringe
- Bretter
- Schwimmtiere
- Bälle

ein roßer
Schaumstoffwürfel
Stift und Papier

Vorbereitung:
Material am Rand postieren

Beschreibung:
Die Teilnehmer werden n zwei Gruppen eingeteilt und von 1 bis 6 durchnummeriert (wenn es nicht aufgeht, Teilnehmer mit zwei Nummern versehen oder dann nochmal neu würfeln). Der Spielleiter gibt einen Gegenstand vor und würfelt dann. Die erwürfelten Teilnehmer müssen sich dann den Gegenstand heraussuchen und mit diesem zwei Bahnen schwimmen. Wer einen Gegenstand in der Hand hat, dem darf dieser natürlich nicht mehr abgenommen werden. Wer zuerst wieder ankommt, dessen Gruppe bekommt einen Punkt.

Variation:
- Zum Einstieg bei kleineren Kindern einfach nur das Schwimmen bei erwürfelter Nummer machen, später zum Transport steigern.
- Die Gegenstände im Becken verteilen, so dass man sich diese dort erst noch auf dem Hinweg (also während der ersten Bahn) suchen muss und dann damit die zwei Bahnen zu Ende schwimmt.
- Von jedem Gegenstand nur ein Exemplar im Becken verteilen. Wer es zuerst hat, hat schon den Punkt für seine Gruppe gewonnen. Dabei dauert das Zurückschwimmen der Teilnehmer jedoch erfahrungsgemäß länger.
- Nur Gegenstände nehmen, die man unter Wasser verstecken kann (Ringe, Tauchstäbe, Badewannensaugnapftierchen, Gewichte. etc.).
- Transportart für den Gegenstand noch vorschreiben ("Auf dem Kopf muss der Ring transportiert werden - von der Nummer", würfeln)

- Zwei Exemplare von jedem Gegenstand im Becken verteilen. Wer beide Exemplare des genannten Gegenstandes ins Ziel bekommt, bekommt zwei Punkte für seine Gruppe; wer ein Exemplar, einen Punkt; wer kein Exemplar, null Punkt (oder -1 Punkte).
- Es darf versucht werden, den Gegenstand im Wasser seinem Gegenspieler wieder abzunehmen. Dabei darf ein Versuch aber nicht länger als 3 Sekunden dauern und danach müssen wenigstens 10 Sekunden Pause sein, damit die Teilnehmer auch noch in absehbarer Zeit ankommen.

Bemerkung/Hinweis:

Man sollte auf halbwegs ausgewogene Gruppen (bzw. Nummernzuordnungen) achten und somit diese eher einteilen als zufällig zusammenstellen.

Wasserwürfelsammeln
von Christian Mehler

Quick-Jump: 4776

 ab 5   ab 8   10 Min.

Material:
ein Würfel
viele verschiedene Gegenstände (Bretter, Noodle, Ringe,
Bälle, ...)

Beschreibung:
Die Teilnehmer sind außerhalb des Beckens und würfeln der Reihe
nach. Die Gegenstände sind im Wasser verteilt.

Sobald jemand eine Sechs würfelt, springt er ins Wasser und versucht,
so viele Gegenstände wie möglich zu sammeln und auf den Rand zu
legen.

Aber sobald ein anderer Teilnehmer eine Sechs gewürfelt hat, muss er
aufhören und darf nur die Gegenstände behalten, die er bereits auf
den Rand gelegt hat. Der andere Teilnehmer darf dann sein Glück
versuchen.

Wer am Schluß die meisten Gegenstände hat, hat gewonnen.

Variation:
- verschiedene Punktzahlen für die verschiedenen Gegenstände einführen
- Anziehmaterial (Mütze, T-Shirt, Hose, Handschuhe, Paddels, ...)
bereitlegen, dass die Teilnehmer vor dem Sprung in das Wasser erst
anziehen und dann jeweils an den nächsten Teilnehmer weitergeben
müssen - nicht zu viele verschiedene!

Hinweis:
Wer "Schokoladeschneiden" kennt, wird das Spielprinzip sehr schnell
verstanden haben.

Whirlpool
von Christian Mehler

Quick-
Jump:
2811

 ab 5 ab 5 5 Min.

Material:
Heulrohre bzw. dünne Elektroinstallationsrohre

Beschreibung:
Die Teilnehmer stellen sich Schulter an Schulter im Kreis auf. Eine Person geht in die Mitte und die anderen blasen durch die Rohre Luft ins Wasser.

Bemerkung:
Die Rohre nicht als Schnorchel benutzen. Schnorchel, die länger als 30cm sind, behalten die ausgeatmete Luft in sich und es ergibt sich somit eine Pendelatmung. Das hat zur Folge, dass der Sauerstoffanteil in dieser Luft abnimmt, was zur Bewusstlosigkeit führen kann!

Würfeletappen
von Gaby Peter

 ab 6 ab 5 5-10 Min.

Material:
Würfel für jede Etappe: in drei verschiedenen Farben
Tauchgegenstände (Stäbe , Tauchringe)
Hula-Hoop-Reifen (beschwert mit einigen Tauchringen)
Kabelbinder zum Befestigen

Beschreibung:
Man erklärt den Kindern die Aufgaben, welche sie bei den
verschiedenen Würfeln erledigen müssen. Beispielsweise:

Würfel eins (rot)
Die Anzahl der Augen sagt an, wie oft vom Startblock gesprungen
werden muss.

Würfel zwei (gelb)
Die Anzahl der Würfel sagt an, wie viele Tauchstäbe man
hintereinander oder auf einmal hoch tauchen muss.

Würfel drei (blau)
Dieser gibt an, wie oft man eine gewisse markierte Strecke ab-
schwimmen muss.

Aufgaben wären noch: Reinrollen aus der Hocke, Handstand am
Boden, durch einen beschwerten Reifen durchtauchen, Startsprünge
vom Startblock (was meine Kinder besonders lieben, sind Radschläge
ins Wasser.)

Die Kinder würfeln nun nacheinander und beginnen bei Etappe eins
ihre Aufgabe zu erledigen. Dann geht es zu Würfel zwei. Danach zu
drei und so weiter, um dann wieder bei eins zu beginnen.

Bemerkung:
Wichtig ist, dass man den Kindern erklärt, in welcher Reihenfolge sie
die Etappen durchlaufen müssen. Und danach wieder bei Etappe 1
anfangen. Wichtig ist, dass sie nicht rennen sollen, um zu den Würfeln
zu gelangen!

Überraschungsstil-Staffel
von Christian Mehler

Quick-Jump:
4482

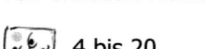 4 bis 20 ab 8 5-10 Min.

Material:
Schwimmstil-Karten (einzeln laminiert)

Beschreibung:
Die Teilnehmer werden in zwei Gruppen - wie gewöhnlich für eine Staffel - eingeteilt. Die ersten Schwimmer starten, schwimmen zum anderen Beckenrand und ziehen dort jeder eine Schwimmstilkarte. In diesem Schwimmstil schwimmen sie zurück. Der nächste schwimmt seine erste Bahn mit dem so gezogenen Schwimmstil von seinem Vordermann, zieht am Beckenrand eine weitere Karte und schwimmt entsprechend der Karte zurück.

Hinweis:
Schwimmstile, die den Kindern nicht bekannt sind, vorher aussortieren. Exotische vorher nochmal durchsprechen.

Schwimmstilkarten:
Online kann man bei diesem Artikel fertige Kärtchen mit diversen, kreativen Schwimmstilen herunterladen und ausdrucken.
Beispiele für kreative Schwimmstile sind:
- Mississippidampfer: Du sitzt auf einem Schwimmbrett, klemmst dieses mit den Knienen fest und machst vor deiner Brust mit deinen Händen Bewegungen wie ein Schaufelrad.
- Wendekraul: Es werden Drehungen um die eigene Körperachse vorgenommen, so dass man zwischen Rückenkraul und Kraul ständig wechselt.
- Einkaufsschwimmen: Schnappe Dir zwei der kleinen Einkaufstüten, ziehe diese über die Hände und schwimme los!
- Vollgefressen: Nehme den 5 Kilo Ring, lege diesen auf deinen Bauch und schwimme so auf dem Rücken.
- Hüpfer: Schwimme wie Du möchtest ... aber starte mit einem möglichst coolen Sprung ins Wasser!
- Herdentrieb: Nimm Dir drei kleine Bälle und puste diese vor Dir her.

Zeit einhalten
von Christian Mehler

Quick-
Jump:
4485

 2 bis 30   ab 6   5 Min.

Material:
Stoppuhr
Block mit Teilnehmerliste
Stift

Beschreibung:
Die Teilnehmer stellen sich hinter dem Startblock auf. Der Spielleiter gibt eine Zeit vor, in der jeder Teilnehmer eine Bahn schwimmen soll. Dabei sollte man eher keine zu kurze, sondern eher eine zu lange Zeit wählen.

Natürlich sollte der Spielleiter die Schwimmzeiten protokollieren. Nach dem Schwimmen muss eine kleine Auswertung erfolgen:
- Wer hat sich extra beeilt?
- Wer ist extra langsam geschwommen?
- Wer glaubt die Zeit sehr genau getroffen zu haben?
- Wie schnell war jede Person wirklich?

Das Spiel unbedingt mehrfach hintereinander (in derselbe Stunde oder in den folgenden Stunden) spielen, um das Zeitgefühl der Teilnehmer zu fördern.

Variation:
- verschiedene Zeiten vorgeben
- die Strecke auf mehr als eine Bahn ausweiten

Hinweis:
Die zu wählende Zeit ist natürlich abhängig von der Gruppe und dem Schwimmstil. Daher am besten beim vorherigen Schwimmen einfach eine Bahn (ohne Vorankündigung) stoppen. Zu dieser Zeit noch einige Sekunden addieren, am besten auf den nächste Zehner aufrunden (34 Sekunden -> 40 Sekunden).

Weitere Ideen

 Altersempfehlung für die Teilnehmer

 Empfehlung für die Teilnehmeranzahl

 ungefähre Spieldauer

 flaches Becken (Nicht-Schwimmer-Bereich)

 Wassertiefe bis zu 1,80 m

 Wassertiefe ab 1,80 m

 Beckenrand bzw. Startblock

 Strand bzw. Wiese

Gruppeneinteilungsmöglichkeiten
von verschiedenen Autoren

Quick-Jump: 1753

 ab 5   ab 5   5 Min.

Material:
diverses Material

Gegenstand reichen (von Christina Küchle)
Die Kinder müssen sich in eine Reihe mit dem Rücken zum Spielleiter hinstellen. Nun bekommt jedes Kind einen Gegenstand in die Hand gedrückt (z.B. Schwimmring, Brett, Gummiente, etc.), den es nicht anschauen darf. Nun müssen sich die Kinder in den Gruppen zusammenfinden, indem sie sich jeweils Rücken an Rücken mit einem anderen stellen und ertasten, ob dieses den selben Gegenstand hat.
Vorteil: Man kann die Gruppen nach eigenem Gutdünken festlegen, ohne dass es den Kindern groß auffällt, außerdem müssen sie lernen genau zu tasten.

Tier ziehen (von Christina Küchle)
Jedes Kind zieht einen Zettel auf dem ein Tier (z.B.: Delphin, Schildkröte, Wal, ...) steht. Auf Kommando macht jedes Kind "sein" Tier (an Land und/oder im Wasser) nach und sucht seine Artgenossen.

Meier Spiel (von Chris Koepp)
Es gibt Zettel mit den Namen Meier in sämtlichen Variationen. Jeweils abgezählt auf die Gruppengröße (jedes Kind braucht einen Zettel). Alle, die nun "Meier" auf ihrem Zettel stehen haben sind eine Gruppe; alle die "Meyer" auf ihrem Zettel stehen haben sind eine Gruppe usw.
Mehr Meier-Namen: Mayer, Maier

Gemeine Variante (von Sabine Hartauer)
Man lässt die Kids selber Gruppen einteilen. Jede vermeintliche Gruppe soll sich hintereinander aufstellen. Bloß, dass hinterher nicht alle in einer Gruppe sind, die hintereinander stehen, sondern die, die nebeneinander stehen.

Mimik-Finden (von Christian Mehler)
Verschiedene Mimiken (fröhlich, traurig, überglücklich, heulend)

werden auf einzelne Zettel geschrieben bzw. gemalt. Die Teilnehmer ziehen die Zettel und müssen die dargestellte Mimik nachmachen, um sich so in Gruppen zu finden.

Klett-Suche (von Christian Mehler)
Verschiedenfarbige Anti-Rutsch-Kletten am Beckenboden bzw. -rand befestigen und danach tauchen lassen. Jedes Kind darf eines hochholen. Die Gruppen ergeben sich jetzt über die Farben bzw. durch die Form der Kletten.

Wasserbomben (von Christian Mehler)
Eine für Betreuer spaßige Methode: Die Kinder stellen sich mit dem Rücken zu den Betreuern in einer Reihe auf (für genügend Abstand zwischen den Kindern sorgen). Die Betreuer werfen die Kinder von hinten mit einer Wasserbombe ab. Dann dürfen sie sich umdrehen und nachsehen, mit welcher Farbe sie abgeworfen wurden. Bei guten Wasserbomben, die nicht kaputtgehen, kann diese schonmal zurück kommen.

Aufstellung (von Christian Mehler)
Die Kinder stellen sich nach einer Eigenschaft (Haarfarbe, Alter, Größe, Schuhgröße, etc.) auf und werden dann nur noch entsprechend der gewünschten Gruppenzahl abgezählt.

Autofahrerspiel
von Christian Mehler

Quick-
Jump:
2792

 ab 3 6-12 5-10 Min.

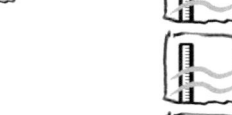

Material:
pro Teilnehmer:
- eine Poolnudel
- ein Brett

Beschreibung:
Jeder Teilnehmer setzt sich auf die Nudel und nimmt das Brett als Lenkrad in die Hand. Das ganze Spiel läuft nur über Bewegungsvorgaben ab:
1. Wir starten den Motor (Handdrehung neben Lenkrad).
2. Wir fahren im ersten Gang los (langsam voranfahren).
3. Wir schalten in den zweiten Gang (schneller werden).
4. Wir biegen nach links ab (nach links abbiegen).
5. ... nach rechts
...
6. Wir fahren jetzt auf die Autobahn und schalten in den fünften Gang.
...
7. Wir fahren rückwärts.
8. Wir parken links rückwärts ein.
9. Wir schalten den Motor aus.
10. Wir kaufen ein.
...
(Man kann alles aus dem Straßenverkehr einbauen: Krankenwagen, Polizei, Unfälle, etc.)

Variation:
Jeder 2. Spieler legt sein Brett weg und wird nun zum Anhänger eines anderen (an den Schultern anfassen), ähnliche Bewegungsvorgaben wie oben
...
11. Koppeln den Anhänger an/ab
...

Mattenlaufen

von Christian Mehler

Quick-Jump: 2134

 ab 3 ab 7 beliebig

Material:

Schwimmmatten

Beschreibung:

Die Matten legt man hintereinander (bzw. auch um Kurven, etc.). Die Kinder starten auf einer Matte und versuchen, so lange wie möglich die Strecke zu laufen.

Hinweis:

Die erste Matte berührt normalerweise den Rand. Hierbei sollte man den Rand noch entsprechend abpolstern, damit niemand, der rückwärts fällt, sich am Rand wehtut. Das Ende solllte einfach ins Wasser führen. Zudem sollten die Matten nicht zu nah am Rand liegen, wegen der Verletzungsgefahr (Achtung: Man fällt nicht nur nach vorne und hinten, sondern auch seitwärts!).

Schneeballschlacht
von Christian Mehler

Quick-Jump: 2121

 ab 8   ab 5   beliebig

Material:
mehr Waschlappen/Schwämme als Mitspieler

Beschreibung:
Ein Spiel - nicht nur - für die letzte Stunde vor den Weihnachtsferien. Die Kinder gehen in Gruppen zusammen (oder einzeln) und werfen sich gegenseitig mit den Schneebällen ab.

Hinweis:
Auch Ideal für den Einstieg zum Auspowern von „schwierigen", unruhigen Gruppen.

Spaßwettkämpfe
von Christian Mehler

Quick-
Jump:
2806

 ab 6 beliebig beliebig

Material:
je nach Altersstufe verschieden

für 4- bis 6-Jährige:
benötigtes Material:
Tischtennisball
Wasserball
Noodles (mit Verbindungsstücken)

Tischtennisball pusten
Kind schwimmt, vor ihm der Tischtennisball, den es nicht berühren darf.

Wasserballweitwurf
Jedes Kind probiert, den Wasserball so weit wie möglich zu werfen.

Nudelreiter
Jedes Kind versucht, auf einem Noodlering (2 Noddeln mit 2 Verbindungsstücken zum Ring gemacht) quer durch das Becken zu schwimmen.

Bemerkung:
Haben hierbei keine Punkte verteilt, sondern einfach nachher jedem Kind einen Preis gegeben. Ging uns dabei mehr um den Spaßfaktor.

für 7- bis 8-Jährige:
benötigtes Material:
Plastikball
Noodle
Ente (o.ä.)

Beschreibung:
1. Plastikball 25 m vor sich her schieben (Zeit).
2. Sitzend auf einer Noodle 50 m schwimmend überwinden (Zeit).
3. 50 m schwimmen und dabei nur durch Pusten eine Ente bewegen (Zeit, Berührungen).
4. Rückwärts "krebsen", also schwimmen (Lachfaktor, Schummeln, Ausführung, etc.).

Hinter jeder Aufgabe steht, wonach nachher die Punkte verteilt werden (Punkte von 5 bis 1). Die Ergebnisse werden genommen, in 5 Abschnitte geteilt, und so dann die Punkte entsprechend vergeben.

für 9- bis 12-jährige:
benötigtes Material:
Tablett
Plastikbecher
"Hindernisse"
drei Ringe
Noodles

Beschreibung:
1. 50 m ein Tablett mit Bechern transportieren (Zeit, Anzahl umgefallen).
2. 50 m Hindernisschwimmen (Zeit, Ausführung).
3. 25 m Schwimmen und 3 Ringe aufsammeln (Zeit, Anzahl Ringe auf einmal).
4. 2 Min. Zeit, so viele Noodles wie möglich ans andere Ufer zu bringen (max. auf einmal 3 nehmen, Anzahl Noodles, Teamer als "Gegner").

Wiederum kann man pro Aufgabe maximal 5 Punkte holen. Hierbei werden die Ergebnisse der Kinder in fünf gleich starke Abschnitte unterteilt und so die Punkte vergeben.

Schwimmkörper bauen/einsetzen
von Christian Mehler

Quick-Jump: 4828

 beliebig   beliebig   beliebig

Material:
verschieden

Man kann auf ziemlich unterschiedliche Art und Weise Schwimmkörper für Spiele oder auch Übungen im Wasser herstellen. Einige davon möchte ich hier kurz vorstellen.

1. Einfache Schwimmkörper
Die einfachste Form eines Schwimmkörpers ist einfach ein mit Luft gefüllter Körper. Dazu eignen sich natürlich die Plastikbälle aus einem Bällebad, aber auch viele Verpackungen (bspw. die aus Plastik hergestellten, wieder verschließbaren Buttermilchflaschen). Die Verpackungen kann man vorher noch mit Farbe besprühen und gut durchtrocknen lassen.

2. Algenfelder
Algenfelder kann man sehr einfach aus der gelben Ü-Ei-Schale und dem weiß-roten Absperrband ("Flatterband") herstellen. Einfach die gewünschte Algenlänge abschneiden und dann beim Schließen des Ü-Eis ein Ende darin einklemmen. Es dabei aber nicht übertreiben: Zu lange Algen ziehen das Ü-Ei mit in die Tiefe.
Um eine stärkere Straffung der Algen zu erreichen, kann man diese auch noch unten beschweren. Dazu einfach einen Stein, Geldstück o.ä. in das Ende einwickeln und gut umkleben. Alternativ zu dem Ü-Ei kann man das Flatterband auch an einem Korken befestigen.

3. Schwimmfische
Aus Plastikmüll (bspw. von einer Eisdose) lassen sich die verschiedensten Figuren ausschneiden. Die scharfen Kanten kann man dann mit einem Feuerzeug unschädlich machen (Achtung: nur draußen machen!). Daher kann man aus diesen auch bspw. Fische ausschneiden. Diese versieht man noch mit einem kleinen, weiteren Loch. Durch dieses Loch zieht man einen dickeren Faden, an den man noch ein Gewicht hängt. Dabei darauf achten, dass der Faden, an dem

der Fisch und das Gewicht hängt, bei euren Fliessen gut sichtbar ist, damit sich niemand in diesen "verfängt".

4. Halte-Bretter

Kein direkter Schwimmkörper, aber sehr nützlich. Jetzt komt es ganz darauf an, was euch der Bademeister erlaubt. Halte-Bretter sind (unbehandelte Holz- oder Plastik-)Bretter, die am Boden des Beckens sind und oben mit offenen Schraubösen versehen sind, in die man mehrere Schwimmkörper einhaken kann.

Man kann das Brett entweder mit normalen Tauchgewichten verbinden und so versenken. Besser wird es jedoch, wenn man Steine (bspw. vom letzten Hofpflastern) daran befestigt. Diese kann man entweder in Plastikdosen packen, mit dicken Stoffbeuteln (wie es sie beim Lidl an der Kasse gibt) umpacken oder sogar mit flüssigem Plastik überziehen. Egal wie, es geht immer darum, das Becken nicht zu beschädigen. Also sorgfältig arbeiten!

5. Fischjagd

Hat man die Fische wie bei 3. gebaut und das Loch in der Mitte etwas größer gemacht, so kann man jetzt mit einer Harpune (Besenstiel mit Länge von 1,50 bis 2 m und aufgesetzter Spitze mit ca. 50 cm Länge und deutlich geringerem Durchmesser) auf diese Jagd machen. Dabei werden nur die Fische gewertet, die nach einem Tauchgang auf der Harpune aufgespiest sind. Man kann auch noch unterschiedliche Wertungen für die verschiedenen Fische einführen.

6. Kegeltauchen

Hat man sich erst mal einige Haltebretter erstellt, so lohnt es sich dazu auch noch passende Kegel zu erstellen. Klassischerweise werden diese aus einem kurzen Holzstab mit Korken daran hergestellt - damit diese nach der Einharkung am Halte-Brett senkrecht stehen. Daher an das Nicht-Kork-Ende eine Schrauböse anbringen.

Jeder Kegler versucht jetzt bei einem Tauchgang so viele Kegel wie möglich abzuhaken und mit nach oben zu bringen. Auch Kegel mit unterschiedlichen Punkten sind möglich. Und auch das Wiedereinhaken kann man als umgekehrtes Spiel durchführen.

"tote" Schwimmbrillen

von Christian Mehler

Quick-
Jump:
3686

Material:

günstige, gute Schwimmbrillen
Sprühbuntlack (hochglänzend) - am Besten in schwarz

Anleitung:

Die Schwimmbrillen komplett auseinanderbauen, also Kopfriemen, Nasensteg, Gläser und Dichtung voneinander trennen. Dann die Gläser auf einen mit Zeitungspapier oder in einen flachen Karton mit der Außenseite zum Boden legen. Nun die Innenseite der Gläser mit dem Sprüchlack besprühen. Das Ganze zwei bis vier Stunden antrocknen lassen und mindestens dreimal wiederholen.

Dann einfach eines der Gläser nehmen und vor eine Lichtquelle halten, um zu überprüfen, ob diese schon lichtundurchlässig sind. Wenn noch Licht durckommt, wieder besprühen und warten. Ansonsten kann die Brille nach weiteren 12 Stunden Trockenzeit wieder zusammengebaut werden.

Bemerkung:

Da ich nun mittlerweile seit über einem Jahr die toten Schwimmbrillen im Gruppenstunden-Shop verkaufe und dort die Produktion und den Verkauf jetzt einstellen werde, möchte ich das Geheimnis der Herstellung nun doch noch hier lüften. Die Brillen sind so sowohl an Land als auch im Wasser als Augenbindenersatz einsetzbar und wirklich schneller abzieh- und aufsetzbar als Tücher.

Auf die Idee mit dem Sprühlack kam ich nach diversen Versuchen mit diversen Farbtypen. Sprühlack hat sich als der am einfachsten auftragbar, haltbarster und auch wasserunlöslichsten herausgestellt. Selbst Lack zum Auftragen hatte nicht ähnliche Ergebnisse.

Ich empfehle für komplett undurchsichtige, abgedunkelte Gläser den Kauf von Schwimmbrillen mit schwarzen Gläsern sowie schwarzer Dichtung und Behandlung mit schwarzem Sprühlack; für undurchsichtige, aber innen nicht dunkle Schwimmbrillen muss man weiße oder hellblaue (einfach nicht-schwarze, also lichtdurchlässige) Dichtungen nehmen. Als Sprühlack habe ich immer "OBI Classic Buntlack hochglänzend" gekauft.

Kommentar von Gérard Hofmann

Ich hatte mal Lack zum Auftragen (ja ich habe gelesen, dass das nicht so gut ging). Der blieb an der glatten Brillenoberfläche nicht hafter. Ich habe mir geholfen indem ich die Brillenoberfläche mit Sekundenkleber angestrichen habe (Haftgrund für den Lack). Da muss man allerdings richtig schnell arbeiten und Schutzhandschuhe anziehen (verhindern dass die Finger zusammenkleben).

Da nur schwarz mir zu "schwarz" war, habe ich 2 Schichten schwarz und 2 Schichten Farbe (grün, blau, rot, ...) aufgetragen. Sieht freundlicher aus und vor allem kann man die Brillen nach Farbe an die Gruppe verteilen, dies vor allem damit man als Leiter die Gruppen problemlos wiedererkennt (z.B. bei Kennenlernspielen).

Trainingsalternativen
von Christian Mehler

Quick-Jump: 326

 ab 1   ab 6   beliebig

Material:
diverses

Dieser Artikel beinhaltet eine kurze Auflistung an Ideen, die man in einem Training einfach unterbringen kann. Natürlich ist das nur ein Ausschnitt der verfügbaren Möglichkeiten, aber trotzdem als Gedankenstütze gut zu gebrauchen.

Schwimmen

Brust
nur Arme
nur Beine
mit Brett/Noodle/Pull-Buoy
Klamotten
Staffel
Abschleppen, Transportieren
Schwunggrätsche

Kraul
nur Beine
nur Arme
mit Flossen/Pull-Buoy/Brett
2er, 3er, 4er, 5er-Atmung
Rotation

Delphin
mit Pull-Buoy

Schmetterling

Rücken
nur Arme
nur Beine

mit Flossen
Kraulrücken/Brustrücken
Abschleppen, Transportieren
Schwunggrätsche
Klamotten

Badewanne/Tanker
mit Gürtel/Klamotten
Beine/Kopf vorneweg, seitwärts

Konditionsschwimmen
bestimmtes Programm überlegen
Ein- und Ausschwimmen
Lange Strecken zuerst, dann Kurzstrecken und zum Schluss Sprints
oder Staffel
Auflockerung durch Stiltraining oder "aktive Pausen"

Rettungsschwimmen
Wiederholung von Abzeichen
Anlandbringen (Rutsche, Rautek-Rettungsgriff, Heraustragen aus
flachen Gewässern)
Rettungsball und Leine
Retten mit Luftmatratze
Befreiungsgriffe
Schleppen/Transportieren
Kleiderschwimmen

Tauchen

Strecke
Ringe holen
Am weitesten

Abtauchen
Ring holen
Bockspringen, Berg und Tal
Auf Zeit
Angst vor Wasser verlieren

Hockschwebe
Auf Zeit
Kondition

Ü-Eier Suche
von Danni Peters

Quick-Jump: 4118

 ab 3   ab 1   beliebig

Material:
Überraschungseierhüllen
Beton (oder ähnliches) zum Füllen

Vorbereitung:
Ü-Eier mit Beschwerungsmittel füllen und trocknen lassen.
Die Kinder zusammen rufen, damit einer in Ruhe die Eier im ganzen Becken verteilen kann, während der andere das Spiel erklärt.

Spielfeld:
je nach Alter kleines oder großes Becken

Beschreibung:
Auf das Komando "Auf die Plätze, fertig, los" fangen alle Kinder an zu tauchen. Jeder holt jeweils ein Ei hoch und legt es an den Rand. Wer am Ende die meisten Eier ertaucht hat, hat gewonnen.

Wasserspiele auf der Wiese
von Anjah Hollensteiner

Quick-Jump:
2806

 ab 6   ab 9   5 Min.

Material:
Wasser
Planschbecken
Schwämme
Softbälle

Becher
Schnur
Messbecher

Gut an heißen Tagen zu spielen. Die Spieler sollten so angezogen sein, dass sie nass werden können - am besten Badebekleidung.

Vorbereitung:
Für die ausgewählten Spiele die entsprechenden Materialien zusammensuchen.

Beschreibung:
Verschiedene Ideen für Staffeln etc. mit Wasser, mit denen gut einige Stunden gefüllt werden können.

Wassertransport
Auf allen Vieren laufend oder als Schubkarrentransport eine Schüssel mit Wasser auf dem Rücken transportieren.

Löschkette
Die Gruppen bilden eine Kette. Jeder Spieler hat einen Becher in der Hand. Das Wasser von Becher zu Becher gießen und am Ende in einen Eimer. Welche Gruppe hat am meisten drin?

Schwammlauf
Vorher in Wasser getränkte Schwämme zwischen die Arme klemmen und einen Softball zwischen die Kniee. Auf diese Weise eine Strecke laufen. Evtl. dann das Wasser sammeln, wer hat am meisten?

Schwamm werfen
Die Gruppen stehen in einer Reihe mit etwas Abstand. Ein nasser Schwamm wird von einem zum anderen geworfen und der letzte wringt ihn in einen Eimer aus. Wer hat das meiste Wasser?

Schwamm weitergeben

Die Gruppe steht in einer Reihe. Sie muss einen nassen Schwamm durchgeben
a) über die Köpfe.
b) durch die Beine durch.
c) von vorne nach hinten.
d) an der linken Aussenseite entlang.
Welche Gruppe ist zuerst fertig?

zuerst im Planschbecken

Die Spieler der Gruppen stehen um ein Planschbecken, Wannen etc. Dann werden Kommandos genannt. Welche Gruppe ist zuerst im Becken mit
a) dem rechten Fuß?
b) dem kleinen Finger?
c) dem Ellenbogen?
d) der linken Hand?
e) etc..

Begossener Pudel

In der Mitte steht ein Eimer mit Wasser. Auf ein Zeichen läuft von jeder Gruppe ein Spieler hin. Wer zuerst da ist, spritzt den bzw. die anderen nass.

Gegenstände ertasten

In einem Eimer mit Wasser liegen verschiedene Gegenstände, die mit Hand oder Fuß ertastet werden müssen. Dabei sind die Augen verbunden.

Wassertransport 2

Die Spieler befestigen so viele mit Wasser gefüllte Becher wie möglich an ihrem Körper. Z.B. in die Hosentaschen stecken, in den Strumpf schieben, in die Hand nehmen. Damit laufen sie eine abgesteckte Strecke hin und her. Das Wasser wird in Eimern gesammelt und gemessen.

Känguru–Transport

Die Spieler halten einen kleinen Eimer oder Becher vor den Bauch (Kängurubeutel). Dieser ist mit Wasser gefüllt. Nun gilt es nach dem Startzeichen des Spielleiters mit geschlossen Beinen los zu hüpfen wie ein Känguru. Wer hat das meiste Wasser?

Nassmachen

Die Spieler der Gruppen liegen oder sitzen alle in einer Reihe auf der Wiese. Ein Spieler der Gruppe rennt los, füllt eine Gießkanne oder ein anderes Gefäß mit Wasser und läuft an seiner Gruppe vorbei, indem er jedem anderen Spieler Wasser über die Beine gießt. Dann läuft er zurück und legt /setzt sich auf seinen Platz und der nächste Spieler ist dran. Welche Gruppe ist zuerst durch?

Wasserbombengeschirrtuchvolleyball

Zwei Paare stehen sich in einem Abstand von ca. 4 m gegenüber. Jedes Paar hält ein Geschirrtuch am Zipfel gefasst. Jetzt wird eine Wasserbombe auf ein Handtuch gelegt. Das Paar muss nun mit Schwung den Ball von seinem Tuch hochschleudern und dabei möglichst in die Richtung des anderen Paares zielen. Dieses versucht nun die Wasserbombe mit seinem Tuch aufzufangen.

"Löchrig wie ein Schweizer Käse"

In einem Plastikbecher mit Loch bzw. abgesägter Pet-Flasche mit Löchern Wasser transportieren. Wer hat das meiste?

Wasser-Drücken

Mit einem nassen Schwamm zu einer umgedrehten Sprudelkiste laufen, unter der ein Eimer steht. Den Schwamm auf die Kiste legen und das Wasser durch Draufsetzen in den Eimer ausdrücken. Welche Gruppe hat am Ende am meisten Wasser zusammen?

Völkerschwamm (von Gérard Hofmann)

Völkerball kennt bestimmt jeder und wird immer wieder gerne von den Kindern gespielt. An heißen Tagen nehmen wir Schwämme (mind. zwei) anstatt eines Balles. Auf jeder Grundlinie des Spielfelds steht ein Eimer mit Wasser, wo der Schwamm immer wieder eingetaucht werden kann. Sonst bleibt alles wie beim Völkerball.

Weitere Bücher und Booklets von

"Grik.de - Ideen für die Kinder- und Jugendarbeit"

gibt es nur unter

shop.grik.de